ET CETERA ...

Bibliografische Information der
Deutschen Nationalbibliothek
Die Deutsche Bibliothek verzeichnet diese Publikation in der Deutschen Nationalbibliografie; detaillierte bibliografische Daten sind im Internet über http://dnb.ddb.de abrufbar.

Bibliographic Information published by
Die Deutsche Nationalbibliothek
The Deutsche Bibliothek lists this publication in the Deutsche Nationalbibliografie; detailed bibliographic data is available in the internet at http://dnb.ddb.de.

ISBN 978-3-98514-101-2

Originaltitel: »Et cetera«, Éditions de L'Herne, Paris 2005

Cover: Bettina Kubanek, Visuelle Gestaltung, Berlin

Verlag Turia + Kant
A-1020 Wien, Leopoldsgasse 14
Büro Berlin: D-10827 Berlin, Crellestraße 14
info@turia.at | www.turia.at

Printed by Libri Plureos GmbH in Hamburg, Germany

JACQUES DERRIDA

Et cetera …

Aus dem Französischen von Thomas Schlereth

VERLAG TURIA + KANT
WIEN–BERLIN

Inhalt

Et cetera ...

(and so on, und so weiter, and so forth, et ainsi de suite, und so überall, etc.)*

– Und am Anfang steht das *und.*

– »Und ...«, sagen Sie? Was steckt in einem »und«? Und wenn ich »ein *und*« sage, wird dann die Konjunktion »und« zu einem Namen? Was steckt in einem Namen, in diesem Namen? Und ich frage

---

* Originalversion des Textes, der, [bis dato] auf Französisch unveröffentlischt, als Abschlusstext erschienen ist in Nicholas Royle (Hg.): Deconstructions – A User's Guide, New York 2000. Nicholas Royle hatte jeden der Teilnehmenden gebeten, sich mit »Dekonstruktion und ...« zu befassen. Zum Beispiel: »Dekonstruktion und Kulturwissenschaften«, G.C. Spivak; »... und Drogen«, D. Boothroyd; »... und Ethik«, G. Bennington; »... und Feminismus«, D. Elam; »... und Fiktion«, D. Attridge; »... und Film«, R. Smith; »... und Hermeneutik«, R. Gasché; »... und Liebe«, P. Kamuf; »... und ein Gedicht«, J.H. Miller; »... und Postkolonialismus«, R.J.C. Young; »... und Psychoanalyse«, M. Ellmann; »... und Technologie«, T. Clark; »... und Weben«, C. Rooney.

mich, was eine Dekonstruktion aus einem so kleinen und fast unbedeutenden Wort machen kann.

– So wurde es also vorgeschlagen und beschlossen und unser Freund wird es uns bestätigen, dass wir uns auf alle möglichen Arten mit »Dekonstruktion und ... *et cetera* ...« befassen sollen, oder? Und das hängt von dem ab, was nachfolgt, nicht wahr? Wie kann man ein solches Syntagma für sich betrachten? Und das »*syn-*« eines solchen Syntagmas? Zusammen mit diesem »mit« (*cum*, *syn*, *mit*, *with*) und mit diesem »und« sind wir so vielen gefährlichen Verbindungen [liaisons] ausgesetzt ...

– Und warum nicht? Dasselbe gilt ja für alle möglichen Ausflüchte [déliaisons]. Aber seien Sie beruhigt. Wenn Sie wüssten, wie unabhängig die Dekonstruktion ist, und allein, so allein, ganz allein! Und es ist, als hätte man sie mitten in einem Kolloquium auf einem Bahnsteig ausgesetzt – oder in einer Flughafenhalle, die dieser hier ähnelt, beim Umsteigen oder beim Abflug nach wer weiß wohin ...

– Und nein, ich glaube im Gegenteil, dass nichts

weniger allein und getrennt denkbar ist. Und was die Dekonstruktion betrifft, verhält es sich vielleicht auch wie mit einem Gedanken der Mengenlehre. Wenn man ihnen glauben würde, müsste es immer heißen: »Die Dekonstruktion und ... *et cetera* ... etc.«. Und »Dekonstruktion« würde immer *mit* etwas einhergehen, zusammen mit *irgendetwas* anderem. Und dann hätten Sie unterschiedliche taxonomische Tabellen, je nachdem, wie dieses »Ding« heißt; und je nachdem, was sein mutmaßliches Konzept ist, und je nachdem, wie viel Spiel der bestimmte Artikel hat, und je nach Art der Kontiguität und der konzeptuellen Struktur dieses X, das als Konsequenz oder Folge auf das *und* folgt.

– Und ganz abgesehen davon, dass die Dekonstruktion ein »und« von Assoziation und Dissoziation in das Herz jeder Sache einführt, erkennt sie vielmehr diese Spaltung des Selbst innerhalb jedes Konzepts. Und ihre gesamte »Arbeit« verortet sich an dieser Verbindungs- [jointure] oder Trennstelle [dis-jointure]: Es gibt Schrift und Schrift, Erfindung und Erfindung, Gabe und Gabe, Gastfreundschaft und Gastfreundschaft, Vergebung und Vergebung. Eine Hyperbel erinnert und entscheidet jedes Mal über diese Unentschiedenheit und/oder diesen *double bind* zwischen X und X: Es gibt X und X, was darauf hinausläuft, X ohne X zu denken, wir werden auf dieses Gesetz zurückkommen; außerdem bedeutet *bind* eine Verbindung, eine Konjunktion, wie »und«. Ein *double bind* nimmt immer die Form einer doppelten Verpflichtung an: *und ... und* [*Et ... et* steht im Französischen auch für *sowohl ... als auch.* (Anm. d. Übers.)].

– Und so sind für den, der alle Sätze oder Texte ordnen möchte, die unter dem Namen »Dekonstruktion und X« erscheinen, ebenso wie die Konjunktionstabellen, wenn ich so sagen darf, und die »Logik« ihrer Titel, sie allesamt unterschiedlich, ja sogar radikal unterschiedlich in den folgenden Reihen – in denen sich das Synkategorem *und* neben den kategorialen Substantiven wiederfindet und sich in Wahrheit in seinem Sinn und seiner Funktion tiefgreifend verändert hat:

1. Dekonstruktion *und* Kritik, Dekonstruktion *und* Philosophie, Dekonstruktion *und* Metaphysik, Dekonstruktion *und* Wissenschaft, etc.

2. Die Dekonstruktion *und* die Literatur, die Dekonstruktion *und* das Recht, oder die Architektur, oder das Management, oder die visuellen Künste, oder die Musik, etc.

3. Die Dekonstruktion *und* die Gabe, oder die Vergebung, oder die Arbeit, oder die Technik, oder die Zeit, oder der Tod, oder die Liebe, oder die Familie, oder die Freundschaft, oder das Gesetz, oder das Unmögliche, oder die Gastfreundschaft, oder das Geheimnis, etc.

4. Die Dekonstruktion *und* Amerika, die Dekonstruktion *und* die Politik, die Dekonstruktion *und* die Religion, die Dekonstruktion *und* die Universität, etc.

5. Dekonstruktion *und* Marxismus, Dekonstruktion *und* Psychoanalyse, Dekonstruktion *und* Fe-

minismus, Dekonstruktion *und New Historicism*, Dekonstruktion und Postmodernismus, etc.

Und so könnte man fortfahren, und es wäre ziemlich einfach zu zeigen, dass in jeder dieser Reihen, in jeder dieser großen Gruppen die Konjunktion »und« nicht nur der Assoziation, sondern auch der Reihe widersteht; und sie protestiert gegen eine im Grunde absurde und sogar lächerliche Verkürzung ...

– Und in der Tat, man lacht, und ich sehe mich versucht, »die Dekonstruktion und ich und ich, und ich ...« hinzuzufügen, um die Parodie eines berühmten französischen Chansons zu parodieren – »50 Millionen Chinesen und ich und ich ...« [Liedzeile von Jacques Dutronc, Anm. d. Übers.]. Und angesichts dieser rhapsodischen »chinesischen« Klassifizierung und fälschlich strengen Anhäufung muss man wiederholen, dass je nach Art des Kategoriensystems, das so mit der Dekonstruktion durch die Grammatik einer sogenannten Konjunktion (»und«) verbunden ist, nicht nur der Sinn jedes dieser Kategoriensysteme beginnt, sich zu bestimmen (und er muss sich weiterhin in einem Satz und durch eine Rede vervollständigen, etc.), sondern auch das rätselhafte Schicksal des kleinen Wörtchens »und« selbst, nämlich das Synkategorem, wie Sie es nannten, »und«... Und das *Syn*, das *Mit* des Wortes *Syn*kategorem hat wie das *Cum* der *Kon*junktion auch die Bedeutung der konjunktivischen Verbindung, was eine Art »und« im Allgemeinen meint ...

– Was will unser Freund also mit seiner Anspielung auf eine Rhapsodie »à la chinoise« andeuten? Ein Beispiel dafür wäre die Klassifizierung der Tiere durch eine »gewisse chinesische Enzyklopädie«, die von Borges erwähnt und von Foucault gleich zu Beginn seines Vorworts zu *Les Mots et les choses* in Erinnerung gerufen wurde. Im Übrigen ist das *und* des Titels, *Les Mots* et *les choses*, etwas ganz anderes als jedes *und,* das zwischen diesen nur die Wörter oder nur die Dinge miteinander verbinden würde. Zwischen Wörtern und Dingen kann es keine Konjunktion oder homogene Sammlung, keine Aufzählung oder einfache Addition etc. geben. Wörter und Dinge lassen sich nicht addieren oder in einer Reihe aneinanderreihen ...

– Außer (und »außer« ist wie »ohne« eine konjunktive Präposition, die das Werk eines gewissen »und« beherbergt, nicht wahr), wenn man bedenkt, was nicht unbedingt illegitim ist, dass auch die Wörter existieren und die Wörter und die Dinge (und hier habe ich gerade einen Gebrauch des *und* gemacht, der, wie mir scheint, nur französisch sein kann, indem ich ein *und* vor das erste Wort der Aufzählung gesetzt habe, und man kann sich fragen, ob dieses erste »und« noch übersetzbar ist); und es sei denn, man geht noch davon aus, dass jede diskrete Einheit des *Seienden* (Wort *und* Ding, Wort *oder* Ding) in einer Sammlung berücksichtigt werden kann. Wie Husserl schon früh in seinen Debatten mit dem Psychologismus feststellte, kann man unter der Kategorie »etwas überhaupt« arithmetische Einheiten und so unterschiedliche Objekte wie eine Gruppe von Bäumen und ein Gefühl und einen Engel und eine Qualität von Rot und den Mond und Napoleon numerisch miteinander verbinden, also aufzählen, von einem *und* zum anderen. Und man kann auch die »Konzepte« von Wörtern und die »Konzepte« von Dingen miteinander verbinden, weil sie dann als Konzepte wieder homogener werden, obwohl ein Wort im Prinzip nur die Bezeichnung eines Dinges durch seinen Sinn ist. Ein Wort ist »etwas« im Allgemeinen. Diese elementaren Vorsichtsmaßnahmen und Unterscheidungen wären unerlässlich für jeden, der sich mit »*der* Dekonstruktion und X ...« befassen möchte (X: das Ding, das Wort, das Konzept, der Sinn? Und kann man sie in diesem Fall unterscheiden? Und jedes Mal im Singular?)

– Was für diejenigen, denen wir hier folgen, noch vor der Diskussion über eine Dekonstruktion (im Singular) wichtig zu sein scheint, ist das nicht das *und* selbst? Nun, wenn wir uns das seltsame Gespräch anhören, das gerade begonnen hat, stellen wir nur fest, dass es in dem von Foucault zitierten Text ein doppeltes Wort gibt. Ich meine eher das Doppelte eines Wortes als das einer einzelnen Sache. In der Unordnung dieser kumulativen Aufzählung (und ... und ... und ...), die uns laut Foucault die »Grenze« *unseres* Denkens und für uns die »nackte Unmöglichkeit, das zu denken« anzeigt, erscheint wie der Abgrund im Herzen der Dinge ein »*et caetera*« [sic], eine Kategorie des »*et cetera*«, die auf einen Schlag alles in ihren Schlund schluckt. Man denke an Jonas' Wal, der sich in eine Arche Noah für alle Tiere auf der Liste verwandelt, oder an eine unersättliche *Bocca della Verita*, die jede Identität und sogar das Konzept des Konzepts zu verschlingen droht.

Lesen wir:

»die Tiere [gruppieren] sich wie folgt: a) Tiere, die dem Kaiser gehören, b) einbalsamierte Tiere, c) gezähmte, d) Milchschweine, e) Sirenen, f) Fabeltiere, g) herrenlose Hunde, h) in diese Gruppierung gehörige, i) die sich wie Tolle gebärden, k) die mit einem ganz feinen Pinsel aus Kamelhaar gezeichnet sind, l) *und so weiter*, m) die den Wasserkrug zerbrochen haben, n) die von weitem wie Fliegen aussehen.«[*]

---

* Michel Foucault: Die Ordnung der Dinge – Eine Archäologie der Humanwissenschaften, übers. v. Ulrich Köppen, Frankfurt a.M. 1971, S. 17, Hervorhebung durch Derrida. Manche, wie Foucault [im französischen Original], schreiben *et caetera*, andere *et coetera* (und das ist doch der Fall der französischen Übersetzung in dem Fragment, das Foucault zitiert, ohne die Referenz anzugeben – Jorge Luis Borges:

– Haben Sie die Auslassung von *j* bemerkt? Geschah sie freiwillig oder unfreiwillig? Auf der nächsten Seite fügt Foucault es wieder an der richtigen Stelle ein, zwischen i und k, in der alphabetischen Reihenfolge, von der er gerade gesagt hatte, dass sie nicht mehr existiert:

»Was jede Vorstellungskraft und jedes mögliche Denken überschreitet, ist einfach die alphabetische Serie (A, B, C, D), die jede dieser Kategorien mit allen anderen verbindet.«

Der Buchstabe, den er ausgelassen hatte und den er nun wiederherstellen wird, als wäre nichts gesche-

---

La langue analytique de John Wilkins, in ders.: *Enquêtes*, 1937–1952, übers. v. Paul u. Sylvia Bénichou, Paris 1957, S. 144). Andere, denen wir hier folgen werden, schreiben mit größerer Sicherheit *et cetera.* [Die deutsche Übersetzung von *Die Ordnung der Dinge* zitiert folgende Ausgabe – Jorge Luis Borges: Die analytische Sprache John Wilkins', in ders.: Das Eine und die Vielen – Essays zur Literatur, übers. v. Karl August Horst, München 1966, S. 212. Zudem enthält die zitierte deutsche Foucault-Übersetzung die im Folgenden genannte Korrektur des ausgelassenen j nicht. Vgl. darin S. 18f. (Anm. d. Übers.)]

hen, als würde er nicht einmal merken, dass er aus Versehen ein Versäumnis ausbessert, ist also j, und er kündigt ein einziges Wort in der Klassifikation an:

»j) unzählige,«

Welches ist das abgründigste und/oder umfangreichste Ensemble? Das der »Unzähligen«? Das der *»et caetera«* [sic]? Oder das der »in diese Gruppierung gehörige«? Foucault drückt es sehr gut aus:

»Wenn alle aufgeteilten Tiere sich ausnahmslos in einem der Felder der Distribution befinden, heißt das dann, dass all die anderen sich nicht darin befinden? Und in welchem Raum befindet sich dann dieses Feld seinerseits? Das Absurde ruiniert das *Und* der Aufzählung, indem es das *In*, in dem sich die aufgezählten Dinge verteilen, mit Unmöglichkeit schlägt.«*

– Wie Foucault wahrscheinlich weiß, lässt sich nicht jedes *und* zwangsläufig auf seine aufzählende Funktion reduzieren, auch wenn diese diskret in jeder an-

---

* Ebd., S. 18 f.

deren semantischen oder pragmatischen Modalität des *und* enthalten sein kann. So wie die des *und*, die er selbst verwendet, um über das *und* zu sprechen (»Und in welchem Raum befindet sich dann dieses Feld seinerseits?«). Diese Einbeziehung des Ganzen in den Teil, diese Reihe, die sich ganz in einen ihrer Begriffe einschreibt, mag in der Tat aus einem bestimmten Blickwinkel »absurd« erscheinen, und zwar so absurd, dass sie »das *Und* der Aufzählung ruiniert«. Aber gibt es nicht auch andere, mächtigere Ressourcen, die die Ruinierung des »und« selbst zu einer nahezu unbesiegbaren Kraft machen? Sich zu fragen, was das »*und*« *ist*, was es bedeutet und nicht bedeutet, was ein *und* tut und nicht tut, und dann ein Synkategorem im Allgemeinen – das ist vielleicht, vor jeder Aufzählung aller möglichen Titel der Art »die Dekonstruktion *und* ..., etc.«, die beständigste Aufgabe jeder Dekonstruktion. Diejenigen, die an dem Gespräch teilnehmen, das wir gerade hören, wissen das wahrscheinlich. Aber werden sie es sagen?

– Und ganz nebenbei, zurück in Europa, kann diese chinesische Geschichte auch die bekannte jüdische

Geschichte in Erinnerung rufen: Das Schild »Der beste Schneider [*meilleur tailleur*] der Straße« ist der mächtigste Überbietungswettbewerb für alle anderen Schilder *in derselben Straße* (»Der beste Schneider der Stadt«, »Der beste Schneider des Landes«, »Der beste Schneider der Welt«). Denn ist der »beste Schneider der Straße« nicht besser als der, der sich »bester Schneider der Welt« nennt, wenn er in *derselben Straße* ein Geschäft betreibt?

– Und was das *et caetera* [sic] der chinesischen Enzyklopädie betrifft, so nannte Borges eine Reihe von kurzen Texten, die bei einer Neuauflage der *Universalgeschichte der Niedertracht* hinzugefügt wurden, schlicht »ET CŒTERA« [sic]: »In den Schlussabschnitt *Etcetera* wurden drei neue Stücke aufgenommen«, so der letzte Satz des »Vorwort zur Auflage von 1954«. Und dieses Vorwort beginnt mit einer Definition des Barocks, d. h. von sich selbst, von seiner Schrift selbst, einer Definition des Barocks, die barock sein muss. Incipit eines Vorworts, erstes Wort des Sprechens, das den Anfang macht: »›Barock‹ möchte ich jenen Stil nennen, der seine

Möglichkeiten ausschöpft (oder ausschöpfen will) und der hart an die Karikatur seiner selbst grenzt.«[*] Das »Vorwort zur ersten Auflage« erwähnt als eine der Methoden, die in diesen »Übungsstücke[n] in erzählender Prosa« ausgenutzt werden, »ungleichartige Aufzählungen«.[**]

– Und zweifellos muss man die Dinge ein wenig komplizierter machen. Man muss sie abschwächen *und* Borges' etwas zuversichtliche Anspielung auf das abschwächen, was er »ungleichartige Aufzählungen« nennt, *und* die Interpretation abschwächen, die es Foucault erlaubt, bei der Lektüre von Borges' Text von einem »Lachen« zu sprechen, das »aufrüttelt«[***]. Später wird er von einem Lachen reden, das trotz einem »bestimmten und schwer

---

* Jorge Luis Borges: Universalgeschichte der Niedertracht, in ders.: Gesammelte Werke – Der Erzählungen erster Teil, übers. v. Karl August Horst, Wolfgang Luchting, Gisbert Haefs, München 1991 [Buenos Aires 1974], S. 8

** Ebd., S. 7

*** Michel Foucault: Die Ordnung der Dinge, a.a.O., S. 17

zu überwindenden Unbehagen« über ihn kam.[*] Denn das Lachen wird weniger euphorisch, vor allem weniger kommunikativ, in der Tat unbehaglicher, wenn der *Gegenstand* der Einteilung oder Klassifizierung nicht mehr auf naiv-realistische Weise *gelesen* wird (gemäß der Taxonomie der Dinge selbst, der Tiere *selbst*, der Individuen oder der Tierarten), sondern als die Reihe von Merkmalen, Attributen, Anschauungsweisen, Qualitäten der Aktivität oder der bewussten Erfahrung, die sich auf Tiere beziehen können. Wir würden nicht die Tiere klassifizieren, sondern, als mögliche Themen oder Gedanken, die *Erfahrungen* der Beziehung zu Tieren. Borges' Liste bliebe dann unvollständig, gewiss, ein Alphabet würde nicht für ihre Einträge ausreichen, aber sie wäre nicht mehr lachhaft, peinlich oder abwegig. Sie könnte sogar eine gewisse phänomenologische Wissenschaftlichkeit beanspruchen. Und was das erklärte Fehlen einer logischen oder ontologischen Hierarchie in der bloßen Aneinanderreihung von Themen angeht, sofern es nicht einem

* Ebd., S. 19

verborgenen Kompositionsprinzip entspricht (z. B. einem barocken), so wirkt auch dies auf interessante Weise, und sei es nur, um uns auf die Künstlichkeit jeder Ordnung aufmerksam zu machen, auf ihren historischen und nicht natürlichen Charakter. In diese Richtung – die einer neuen Problematik der Ordnung und ihrer Entstehung – weist, wie wir wissen, *Die Ordnung der Dinge* und daher schreibt das Buch diesen Moment des unbehaglichen Lachens in sein Vorwort.

– Und wir sollten uns nicht beeilen, Foucaults *doppelter* Diagnose dieser »Aufstellung« [*table*] trotzdem zuzustimmen.

1. Er sagt nämlich: »Das Absurde ruiniert das *Und* der Aufzählung, indem es das *In*, in dem sich die aufgezählten Dinge verteilen, mit Unmöglichkeit schlägt.«* Nun ist nicht jedes »und« durch und durch aufzählend; und nicht jede Aufzählung zählt »wirkliche« Dinge oder vorhandene »Wörter« auf.

---

* Ebd.

Ein »und« kann intentionale Phänomene in eine bestimmte, eine *andere* Ordnung bringen und dies nach oder in jener *phänomenologischen Reduktion* tun, die zwar an einem bestimmten Punkt dekonstruktiven Fragen unterworfen werden kann, gewiss, aber ohne deren Disziplin keine Dekonstruktion beginnen würde. Und auch keine Infragestellung einer als natürlich gegebenen Ordnung (und deshalb kann man davon ausgehen, dass eine gewisse phänomenologische Reduktion implizit in Foucaults Projekt am Werk ist, auch wenn er sie verkennt, es für notwendig hält, sie nicht zu beglaubigen, oder es geschickt anstellt, sie niemals unter diesem Namen anzunehmen). Diese Disziplin der phänomenologischen Reduktion, dieses Apostrophieren oder Einklammern des naiven Realismus oder der natürlichen Haltung, ist im Gegenteil das *ABC* der Dekonstruktion. Aber nicht sein *Alpha* und sein *Omega*, sein erstes oder sein letztes Wort, denn sie hinterfragt auch die Axiomatik der phänomenologischen Reduktionen, den Weg dorthin – und der Weg zählt, nichts funktioniert in einer Dekonstruktion ohne die Berücksichtigung einer Arbeit oder eines Weges, einer Straße, die man jedoch unterscheiden muss vom *Hodos* einer Methode.

2. Und Foucault wird sofort fortgesetzt haben: »Borges fügt dem Atlas des Unmöglichen keine Gestalt hinzu; er lässt nirgends den Blitz des poetischen Zusammentreffens aufleuchten«. Aber ist das so sicher? Wer kann das bestätigen? Und in wessen Namen? Von welcher bereits legitimierten Poetik? Was wäre, wenn dieser »Blitz« der Text von Borges selbst wäre? Borges, der die Poetik (sei sie barock oder nicht) umsetzt, die er immer – und damit gleichzeitig – darlegt und beschreibt (diese Gleichzeitigkeit, diese Synchronie ist einer der Werte des »und«, und im Arabischen, dazu müssen wir noch kommen, des *waw*: »obwohl«, »dennoch«, »und siehe da«, etc.)? [Ein *Waw* am Wortanfang kann als Vorsilbe »und« bedeuten. (Anm. d. Übers.)]

– Wie und wie oft tritt das »und« in Erscheinung, sei es unter seinem eigenen Namen oder unter einer pseudonymen Figur? Was würde passieren, wenn wir durch irgendeinen Algorithmus alle »und« in unseren Diskursen auf einmal löschen würden? Das ist schwer zu berechnen. Wahrscheinlich mehr und weniger, als man sich auf den ersten Blick vorstellen kann, denn nicht alle »und« haben denselben Wert, und eine solche Operation wäre naiv, da sie sich auf die markierten und expliziten »und« beschränken müsste. Es gibt aber so viele andere, zwischen allen Wörtern, deutlicher zwischen diesen als zwischen jenen, und manchmal sogar innerhalb bestimmter Worte. *Etcetera*, zum Beispiel. Man kann sich übrigens fragen, ob man nicht aufregende Geheimnisse entdecken könnte, wenn man einen Text, einen Diskurs oder ein Buch einer stilistischen, pragmatischen und statistischen Spektralanalyse aller Verwendungen des »und« unterziehen würde ... Und jeder Schriftsteller und jeder Dichter und jeder Redner und jedes sprechende Subjekt, jeder Satz selbst kann ein anderes »und« einsetzen, unterschiedlich in Bezug auf die Modalität, unterschiedlich in Bezug auf die Anzahl, und manchmal, um dasselbe »Ding« zu bezeichnen, schließlich, um das zu sagen, was eilige Realisten dasselbe »Ding« nennen würden, wo man zumindest zwischen Ding, Objekt, Sinn und Bedeutung etc. unterscheiden müsste. Und das eben durch entsprechende Reduktionen.

– Und über den von Foucault zitierten Text hinaus spielt das gesamte Werk von Borges mit diesen unmöglichen Möglichkeiten, insbesondere seine *Fiktionen*. Lesen Sie insbesondere die »Untersuchungen des Werks von Herbert Quain«* und »Das unerbittliche Gedächtnis«.**

---

* Darin ist von einem Werk die Rede, das dreizehn Kapitel umfasst. Und wie es auch hier der Fall sein könnte: »Das erste schildert den zweideutigen Dialog zwischen Unbekannten auf einem Bahnsteig; das zweite erzählt die Ereignisse am Vorabend des ersten. Das dritte, ebenfalls rückläufig, erzählt die Ereignisse eines *anderen* möglichen *Vorabends* des ersten; das vierte wiederum die eines anderen. Jeder einzelne dieser drei Vorabende (die einander strikt ausschließen) verzweigt sich in drei weitere Vorabende ganz verschiedener Art. Das gesamte Werk besteht mithin aus neun Romanen; jeder Roman aus drei langen Kapiteln. (Das erste ist natürlich allen gemeinsam.) Von diesen Romanen ist einer symbolischen Charakters; ein anderer übernatürlich; ein anderer ein Krimi; ein anderer psychologisch; ein anderer kommunistisch; ein anderer antikommunistisch; und so fort. Vielleicht kann ein Schema helfen, die Struktur zu verstehen. [...] Von dieser Struktur gilt dasselbe, was Schopenhauer von den zwölf Kantschen Kategorien sagte: Er opfert alles einer Symmetriewut.« (Jorge Luis Borges: Fiktionen, in ders.: Gesammelte Werke – Der Erzählungen erster Teil, a.a.O., S. 147 f.)

** Vor der Erfindung von »Film [und] Phonographen« erfährt der Erzähler durch »[d]ie Stimme von Funes« [so der französische Titel von »Das unerbittliche Gedächtnis«, Anm. d. Übers.], dass dieser sich »ein eigenes Zahlensystem ausgedacht« hatte. Um Zeichen und Worte zu sparen, sagte er statt »siebentausenddreizehn [...] (zum Beispiel) *Máxime Pérez*, anstatt siebentausendvierzehn *Die Eisenbahn*. Andere Zahlen waren *Luis Melián Lafinur*, *Olimar*, *Schwefel*, *die Zügel*, *der Wal*, *das Gas*, *der Kessel*, *Napoleon*, *Augustín de Vedia*. [...] Ich versuchte, ihm auseinanderzusetzen, dass diese Rhapsodie unzusammenhängender Begriffe genau das Gegenteil eines Zahlensystems sei. [...] Funes verstand mich nicht oder wollte mich nicht verstehen. Im 17. Jahrhundert forderte Locke eine unmögliche Sprache (die er dann wieder verwarf), in der jedes einzelne Ding, jeder Stein, jeder Vogel und jeder Zweig einen eigenen Namen haben sollte; [...] [Funes] war, vergessen wir das nicht, zu allgemeinen, platonischen Ideen so gut wie nicht imstande. Nicht nur machte es ihm Mühe zu verstehen, dass der Allgemeinbegriff *Hund* so viele Geschöpfe verschiedener Größe und verschiedener Gestalt umfassen soll; es störte ihn auch, dass der Hund von drei Uhr vierzehn (im Profil gesehen) denselben Namen führen sollte wie der Hund von drei Uhr fünfzehn (gesehen von vorn).«, etc. (Jorge Luis Borges: Fiktionen, in ders.: Gesammelte Werke – Der Erzählungen erster Teil, a.a.O., S. 185 f.).

– »Die Dekonstruktion und ...«, das deutet also darauf hin, dass dieses Ding namens »Dekonstruktion« immer assoziiert, ergänzt, vertreten, begleitet ist, wenn auch von dem, was es nicht begleitet, und mit, und ohne dies und das, dies und das ... Aber auch diesem oder jenem gegenübergestellt, von diesem oder jenem getrennt, als ob man immer zwischen der Dekonstruktion *und* X und Y unterscheiden oder sogar wählen müsste.

– Zwangsläufig, denn sie ist weder eine Philosophie noch eine Doktrin, noch ein Wissen, noch eine Methode, noch eine Disziplin, noch nicht einmal ein bestimmtes Konzept, sondern nur das, was passiert, wenn es passiert. Und doch, und gerade deshalb, weil sie allein ist, die Dekonstruktion, wenn Sie wüssten! Und sie muss allein sein! Vielleicht ist das der Grund, warum sie sich selbst vervielfältigt und warum man auch Dekonstruktion*en* sagen muss, immer im Plural und immer *mit* diesem und jenem und mit diesem oder mit jenem. Denn egal, wie allein sie ist oder was sie ist, es gibt Dekonstruktion *und* Dekonstruktion. Und was sich addiert und teilt und vermehrt ...

– Und was ist das? Soll das heißen, dass sie allein *ist* und/oder dass sie allein *sein soll*? Handelt es sich um ein konstatives, ontologisches und/oder ein optatives, performatives Theorem? Ein Versprechen oder eine Drohung?

– Das eine und/oder das andere, weder das eine noch das andere, alles unmöglich zu entscheiden. Versuchen Sie, den Gedanken des »und« an diesem doppelten Alleinsein zu messen, an dem, was man einerseits Einsamkeit *und* andererseits Singularität nennt, an der Einsamkeit, aber auch an der Isolation des Einzigen (denn unter all den impliziten Werten des »und« gibt es manchmal auch den eines »aber auch«, und »denn« und »oder« und »also« und »nicht nur, sondern auch«, »nicht nur das *allein*, sondern auch das ...«). Wenn Sie die Möglichkeit des »und« auf diese Weise der Prüfung jedes Einzelnen unterziehen würden, wenn Sie sie am Maß jedes *einzelnen* (*singuli* [Nominativ Plural von lat. singulus, Anm. d. Übers.], Eins durch Eins, Eins *und* Eins, und Eins *plus* Eins) messen würden, würden Sie vielleicht die Möglichkeit des »und« im Allgemeinen im selben Moment aufkommen und untergehen sehen. Es gibt keine Addition oder Serialität (und ... und ... und ...), es gibt keine Ergänzungslogik, es sei denn dort, wo diskrete Einheiten gewissermaßen die Möglichkeit des Allein- und Singulärseins, der Trennung, der Unterscheidung, d. h. auch des Andersseins, und damit einer gewissen Disjunktion und einer Entbindung, einer Beziehung ohne Beziehung, aushöhlen oder vielmehr unterschwellig anzeigen. So dass der tabellarische Gebrauch des »und« immer etwas von »das eine *und* das andere« hätte, selbst wenn das eine *und* das andere identisch und nur der Zahl nach verschieden sind, *Nummer so und so viel*, wie man sagt, und wie Klone, eine Reihe von Klonen, die jeder für sich wären *und* jeder das exemplarische Beispiel des anderen *und* das Musterbeispiel der Reihe. Selbst »das eine *oder* das andere« (Disjunktion oder Alternative) setzt etwas von »das eine *und* das andere« voraus. Selbst der Schrägstrich der Opposition und zum Beispiel *und/oder* zwischen *und* und *oder*, oder zwischen *und* oder *oder*, setzen immer noch ein »und« voraus. Oder *oder*. Wie kann man ohne *und* sprechen oder schreiben? Selbst »ohne« setzt »und« voraus, etc.

– Und es gäbe also ein »und« im Allgemeinen, ein eigenständiges Konzept, das mit einem Namen benannt werden kann, es gäbe einen Sinn, eine Essenz, eine Bedeutung, eine Grammatik des »und«. Und was haben Dekonstruktionen (also im Plural) mit diesem »und« im Allgemeinen zu tun?

– Alles und nichts. Und seien wir vorsichtig, es ist nicht sicher, ob wir hier von einem Konzept sprechen können, und vor allem, wie Sie es gerade so schnell getan haben, von einem »eigenständigen Konzept« – und von einem Namen. So würde Husserl beispielsweise, noch bevor er die Möglichkeit eines solchen Konzepts des Synkategorems »und« hinterfragt (»Wollen wir uns die Bedeutung des Wortes *und* klarmachen ...«, heißt es in einem Nebensatz der *Logischen Untersuchungen**, den wir noch einmal

---

* Edmund Husserl: Logische Untersuchungen, IV. Der Unterschied der selbständigen und unselbständigen Be-

lesen und ergänzen müssen), würde also Husserl alle erdenklichen Anstrengungen unternehmen, um hier zwischen einer allgemeinen und einer rein logischen Grammatik des »und« zu unterscheiden. Wo liegen die Grenzen dieser Grammatik? Erstreckt sie sich unter dem Vorwand des »sowohl ... als auch« [et ... et] auch auf seine scheinbar negative Form, das *weder ... noch* [ni ... ni]? Sie haben vorhin gesagt: Die Dekonstruktion ist weder dieses noch jenes, etc. Und alle Vorwürfe bezüglich einer angeblich negativen Theologie in der Dekonstruktion (wir haben uns an anderer Stelle dazu geäußert [Anspielung auf Jacques Derrida: Wie nicht sprechen – Verneinungen, übers. v. Hans-Dieter Gondek, Wien 2014 [Paris 1987], Anm. d. Übers.]) setzen eine gewisse Klarheit über das »sowohl ... als auch« und/oder das »weder ... noch« voraus.

– »Die« Dekonstruktion, wie manche sagen würden, braucht und missbraucht das *weder-noch* und wie-

---

deutungen und die Idee der reinen Grammatik, § 9 b) Das Verständnis herausgerissener Synkategorematika, Hamburg 2009, S. 322 ff derholt es bis ins Unendliche, insbesondere in der Aufmerksamkeit für Unentscheidbarkeiten, *double bind* und Aporien aller Art. Die Dekonstruktion ähnelt in der Tat einer wiederholten Bekräftigung sowohl [et] des *weder ... noch* als auch [et] der wiederholten Bekräftigung (*weder ... noch*, aber *ja*, *ja*; ja *und* ja, wobei das zweite *ja* gleichzeitig vom ersten gerufen oder versprochen, also mit ihm verbündet, aber notwendigerweise auch allein und disjunkt und erneut eröffnend ist, wobei das »und« des »ja und ja« sowohl die Sammlung oder die Addition als auch die Dissoziation, sowohl die Erinnerung als auch die Amnesie bedeutet). Ist das *weder ... noch* also nur ein Fall, eine negative Modalität des *sowohl ... als auch* [*et ... et*] oder eines *entweder ... oder* [*ou ... ou*], das seinerseits ein *sowohl ... als auch* [*et ... et*] abwandelt? Und was wäre mit dem »*und nein*«? Und dem *sic et non*? Dem »*nein und nein*«? Dem »Es gibt ›*nein und nein*‹« der Unterscheidung; oder dem hartnäckigen »*nein und nochmals nein*« der Ablehnung oder der hektischen Verleugnung, zum Beispiel: »nein und nochmals nein, ich will nicht mehr in die Schule gehen«.

– Sie sehen nun, dass diejenigen, die hier sprechen, in diesem offensten Polylog eine aphoristische oder diaphoristische Form bevorzugen mussten, um dem »und« gerecht zu werden. Diese Sprecher gehen nach Distinktionen, Disjunktionen, Interruptionen, Konjunktionen und Nebeneinanderstellungen, Verbindungen und Entbindungen, Serialität und Exemplarität, Samplifizierung und Simplifizierung vor: und ... und ... und ... etc. ... *et ceteri omnes*, *et cetera*, und alle anderen, und jene anderen, was auch immer sie sein mögen. Aber ist diese Unterbrechung, die den Aphorismus heraufbeschwört, nicht die Voraussetzung für jedes Gespräch? Was wäre ein Gespräch oder ein Polylog ohne Unterbrechung und ohne irgendeine Gegenüberstellung, ohne eine etwas willkürliche oder zufällige Verkettung, ohne eine »Assoziation von Ideen«, die nur durch ein unbedeutendes »und« zum Ausdruck gebracht oder angedeutet wird? Sie haben es bemerkt: So viele Sätze, egal von wem sie stammen, werden durch ein »und« eröffnet. Ist das Absicht? Geschieht das bewusst, um daran zu erinnern, dass jeder Satz mit »und« beginnen könnte, auch wenn es unhörbar oder unsichtbar bleibt? Hören wir ihnen weiter beim Sprechen zu.

– Und was noch? Ich weiß immer noch nicht, was damit zu tun ist, mit diesem *und nein*, genauso wenig wie ich weiß, welche Sprache ich sprechen soll, ich meine, welchem Idiom ich ein Privileg – oder eine unbestreitbare Hegemonie – zugestehen soll. Die Dekonstruktion ist auch das, wenn sie überhaupt etwas ist: Eine Aufmerksamkeit für die irreduzible Pluralität der Signaturen und eine ethisch-rechtliche, auch politische Wachsamkeit gegenüber den Hegemonieeffekten einer Sprache gegenüber einer anderen, zwischen einer Sprache und einer anderen. Es gibt Sprachen, und es gibt Sprache und Sprache. Sie bemerken, wie leicht wir unsere Sätze mit diesem kleinen Wörtchen »und« beginnen ...

– Und ja, und dennoch mit einem Wort »und«, das meist einen anderen logischen Wert oder einen eigenen Zweck besitzt (Versmaß, Abstand, Quasi-Satzzeichen, Atmung, betonter Satzbeginn, neutraler Zusatz, Verbindung oder Verkettung, Disjunktion oder einfache Gliederung, Überbietung,

Einwand, Zugeständnis etc.), bis dahin, dass man es ohne großen semantischen Schaden durch so viele andere Konjunktionen ersetzen oder übersetzen könnte, je nach Fall durch »aber«, »oder«, »denn«, »deshalb«, »so«, »schließlich« und/oder durch Adverbien, »nun«, »anschließend«, »hier«, »jetzt«, »auch« – Adverb und Konjunktion – und ebenso gut »sofort«, »übrigens«, »so« – das auch Konjunktion und Adverb sein kann, etc. Und Sie wissen, dass im biblischen Hebräisch eine Art »und« genau wie ein Satzzeichen den Beginn vieler Sätze markiert. Und als Unterscheidungsprinzip zwischen Satzeinheiten, aber auch als Verbindung und Verkettung (Präfix, nicht Konjunktion), wird der Buchstabe *waw* an den Anfang des ersten Wortes des Satzes angehängt oder angeklebt und markiert so den Beginn des Satzes. Und derselbe Buchstabe kann die Zeitform eines Verbs verändern (von vollendet zu nicht vollendet und *vice versa*). Im Arabischen kann das »und«, das *wa* (*oder waw*), der Buchstabe der Verbindung, der auch »auch«, mit »mit« oder gleichzeitig »zur gleichen Zeit« und simultan eine Art Simultanität bedeuten kann, nun, *waw* kann auch, wie mir gesagt wurde, als »Buchstabe der Zärtlichkeit«* definiert werden, als ob, durch diese Verbindung selbst, durch diesen grammatikalischen Magneten, eine Zusammenkunft, eine Geste der Annäherung, eine Bewegung der Liebe immer die Spur eines Affekts, einer gemeinschaftlichen Konnotation hinterlässt, selbst wenn der Anschein dagegenspricht (Opposition, Widerspruch, Disjunktion, Unvereinbarkeit, Entzug: »unter Ausschluss von«, »gegen«, »ohne« oder »aus Mangel an«, denn »ohne« bedeutet immer, wie Sie sich denken können, »ohne-mit« oder »mit-ohne«, »und-ohne«. Es ist ein allgemeines Gesetz der formalen Logik: Eine Konjunktion schleicht sich in jede

---

* Danke an Mounira Khemir (vgl. dies.: Retraits de l'anima – fotografía africana, Barcelona 1997). Dieser Buchstabe, so sagte sie mir, sei auch der »Buchstabe der Reisenden«. Im Koran (z. B. am Anfang einer der Suren, die mit diesem Buchstaben beginnen) markiert er das, in dessen Namen man schwört oder einen Eid ablegt, das, was man anruft und womit man sich verpflichtet: »Im *Namen* Allahs, des Allerbarmers, des Barmherzigen / *Bei* der Morgendämmerung / *und* den zehn Nächten / *und* dem geraden und dem ungeraden [Tag] / *und* der Nacht, wenn sie fortzieht! / Ist darin ein Schwur …?« (Sure 89).

Disjunktion ein und deutet sich dort von vornherein an, und *vice versa*).

– Und dann könnte man sich fragen, ob die so im Hebräischen oder Arabischen markierte Funktion nicht im Stillen oder anderweitig und unterschiedlich in allen Sprachen am Werk ist, in allen Texten, zwischen allen Einheiten, die zerlegt und/oder aneinandergereiht werden. Aber ist das, was man Dekonstruktion nennt, nicht vor allem die Berücksichtigung der Kräfte der Dissoziation, der Dislokation, der Delokalisierung, mit einem Wort der Differenz und der Heterogenität, wie sie ein gewisses »und« selbst übersetzen kann? Und vor allem die Kräfte der hierarchischen Opposition, die alle Begriffspaare, um die sich eine Dekonstruktion dreht, etablieren (Wort *und* Schrift, innen *und* außen, Geist *und* Materie, dies *versus* das, etc.)?

– Ja, aber das »und« kann die Unterschiede auch *als* Unterschiede zusammenhalten, und die Differenzierung ist auch dieses Beharren desselben in der Opposition, sogar in der unendlichen Heterogenität. Daher die endlose Debatte über die *Versammlung* [im Orig. dt.], über den Gedanken der Zusammenkunft, auf den Heidegger so sehr beharrt. Ich komme zu dem Schluss, dass eine der Schwierigkeiten der Metasprache, die *Notwendigkeit* von *Effekten* der Metasprache und die *Unmöglichkeit* einer absoluten Metasprache (und damit die Dekonstruktion selbst, nicht wahr?) auf die Logik dieser Einschränkung zurückzuführen ist. Man kann eine sprachliche Einheit im weiteren Sinne, zum Beispiel »*und*«, nicht beschreiben und formalisieren, ohne sie *bereits* selbst *in* der formalisierenden Definition zu verwenden. Man muss das »und« zumindest implizit verwenden, um etwas über das »und« zu sagen; man muss es *verwenden*, um es zu *thematisieren* oder in Anführungszeichen zu *zitieren*.

– Und in der Tat ist es genau das, was Husserl widerfährt, da eben von ihm die Rede war. Es geht immer um einen Unterschied zwischen der Fülle und der Leere einer Intuition des Sinns, zwischen einem Plus und einem Minus in der Fülle der intuitiven Präsenz, in dem, was Husserl (eine seltsame Figur, die so viele Probleme aufwerfen würde!) die *Erfüllung* der

Intuition nennt. Man könnte *Erfüllung* auch mit »Vollendung« [accomplissement], Ausführung, Realisierung, sogar mit Performanz übersetzen. Es geht also darum, eine Antwort auf das zu finden, was Husserl als »ernstliche Schwierigkeit« bezeichnet. Wie kann man Synkategoreme verstehen, die *»aus jeder Verknüpfung herausgerissen«* sind? Indem Husserl zunächst behauptet, wie und warum es seiner Meinung nach in einer prägnanten und konsistenten kategorialen Rede kein herausgerissenes und damit unabhängiges Synkategorem geben kann (und das Wort *und* wäre hier ein gutes Beispiel für ein Synkategorem), stößt er also auf diese »ernstliche Schwierigkeit«. Denn dann erhebt er einen Einwand gegen sich selbst: Wenn dem so wäre, wie könnte man dann nur diese Synkategoreme gesondert, als solche, außerhalb jeder Verbindung »betrachten«, wie es Aristoteles tat? Wie könnte man sich zum Beispiel, wie wir es hier tun, für das *und* an und für sich selbst interessieren? Die Antwort auf den Einwand lautet: Es muss ein Unterschied zwischen mehr oder weniger voll und/oder mehr oder weniger leer gemacht werden. Und diesem Unterschied in der

»Füllung« einer Bedeutungsabsicht entspricht ein Unterschied zwischen »eigentlichen Vorstellungen« und »uneigentlichen Vorstellungen«:

»Diesem Einwande könnten wir zunächst in der Weise begegnen, dass wir auf den Unterschied der ›eigentlichen‹ und ›uneigentlichen‹ Vorstellungen hinweisen, oder, was hier dasselbe meint, auf den Unterschied der bloß intendierenden und der erfüllenden Bedeutungen.«*

– Und um das zu sagen, haben Sie bemerkt, dass Husserl selbst mehr als einmal, gerade um die differentielle Disjunktion zu markieren, die Konjunktion *und* (zweimal: der Unterschied zwischen X und X) und die Konjunktion *oder* verwenden muss, um stattdessen die assoziative, nicht disjunktive Äquivalenz zu markieren (»oder, was hier dasselbe meint«, etc.). Er muss *sich* auch dessen *bedienen*, was er *thematisiert*. Im selben Satz.

---

* Edmund Husserl: Logische Untersuchungen, a.a.O., S. 322

– Die *Logischen Untersuchungen* versuchen also zu zeigen, dass *herausgerissene*, dissoziierte, frei gesetzte Synkategoreme »wie *gleich*, *in Verbindung mit*, *und*, *oder* [...] kein intuitives Verständnis, keine Bedeutungserfüllung gewinnen [können], es sei denn im Zusammenhang eines umfassenderen Bedeutungsganzen«. Und schon die Gesamtheiten, Verkettungen und Kontexte, die dem »und« eine größere Bedeutungsfülle sichern werden, können wir nur als Verbindungen, Verknüpfungen, Assoziationen beschreiben und analysieren, mit anderen Worten: als Implementierungen eines bestimmten »und«. Und Husserl selbst, wie Sie gerade festgestellt haben, wird das Wort »und« regelmäßig verwenden müssen, um die irreduzible Unvollständigkeit aller »und«-Intuitionen (Wortlaut, Ausdruck, Bedeutung oder Sinn) zu bezeichnen, wenn sie nicht durch eine verständlichere Verkettung bestimmt wird. Da das Gegenteil der »Erfüllung« der intuitiven Präsenz die »Enttäuschung« ist, müssen wir Husserl darin folgen, dass das »und« *an sich*, und wenn es sich selbst überlassen wird, wesentlich enttäuschend ist.* Unterscheiden wir in dieser Analyse von Husserl also zwischen den *verwendeten* »und« (die ich unterstreichen werde) und den *thematisierten* »und« (kursiv):

»Wollen wir uns die Bedeutung des Wortes *und* klarmachen, so müssen wir irgendeinen Kollektionsakt wirklich vollziehen und in dem so zu eigentlicher Vorstellung kommenden Inbegriff eine Bedeutung der Form *a und b* zur Erfüllung bringen. Und so überall.«

Wenn wir hier der Logik dieser Beweisführung folgen, würde das so *verwendete* und, um über das *thematisierte und* zu sprechen, nur dann zu

---

* »Offenbar muss in dieser ganzen Ausführung die ›Erfüllung‹ zugleich ihr Gegenstück, die ›Enttäuschung‹ vertreten« (Ebd., S. 323). Diese Enttäuschung tritt ein, wenn die erwartete Erfüllung unmöglich wird, entweder aufgrund eines Widerspruchs oder einer Unvereinbarkeit, oder weil die unvollständige oder abhängige Bedeutung mangels eines ausreichend bestimmten Kontexts ohne jede mögliche Intuition bleiben muss. Sie bleibt dann Bedeutungsabsicht ohne volle Bedeutung.

einer von der Intuition erfüllten Bedeutungsabsicht führen, wenn der Kontext des Satzes oder der Sätze, die es umgeben und aneinanderreihen, ausreichend verständlich und bestimmend ist. Ist dies jemals vollständig der Fall? Und wenn es nie bis zur intuitiven Sättigung reicht, bleibt dann nicht in jedem Diskurs, in jedem Text ein irreduzibler Teil dieser »Abhängigkeit«, dieser Nicht-Unabhängigkeit, dieser enttäuschenden Nicht-Erfüllung, für die das Synkategorem *und* zumindest ein Beispiel ist? Und lassen wir für den Moment die schwierige Frage beiseite, ob *und* ein Beispiel für ein Synkategorem unter anderen ist, in der Reihe der anderen, neben »gleich«, »in Verbindung mit« und »oder«, die Husserl als Beispiele anführt, oder vielmehr, im Gegenteil, das quasi-transzendentale, das Synkategorem par excellence und stillschweigend an jeder synkategorematischen Verbindung oder Konjunktion zwischen allen möglichen Kategoremen beteiligt ist; denn der Katalog der Synkategoreme scheint etwas von *und* zwischen allen so klassifizierten diskreten Einheiten vorauszusetzen, ebenso wie ein gewisses *und* auch alle Kategoreme miteinander verbindet.

– Und ist das, wozu die Dekonstruktionen immer aufrufen, nicht diese notwendige und rigorose Berücksichtigung des Kontextes, gewiss, aber eines Kontextes, von dem seit langem gesagt und wiederholt wird, dass er nie vollständig auszuschöpfen ist? Ist es nicht in dieser Nicht-Ausschöpfbarkeit, dass sich die Unentscheidbarkeit öffnet (»sowohl ... als auch« [et ... et], »weder ... noch« [ni ... ni], »entweder ... oder« [ou ... ou]), aber auch der *double bind*, d.h. sowohl [et] der Ursprung als auch [et] die Voraussetzung jeder Entscheidung, jeder Verantwortung (ethisch, juristisch, politisch – und anstelle jedes Kommas in einer solchen Liste könnte man ein *und* lesen). Kündigt sich hier nicht einer der Gründe an, warum eine Dekonstruktion der Syntax, nicht weniger als der Semantik, den Synkategoremen (Konjunktionen, Präpositionen, Adverbien: *nicht*, *ohne*, *außer*, *ja*, etc.), dem endlosen kategorialen oder nominalen Werden der Synkategoreme das größte Interesse schenkt? Und versteht man nicht besser, warum all dies mit einer Infragestellung des Intuitionismus beginnen musste – vor allem des phänomenologischen Intuitionismus und des

Husserlschen Vertrauens in die Erfüllung und in die Übereinstimmung von Absicht und Erfüllung?*

– Gewiss, und Husserl ist dennoch nicht am Ende seiner Schwierigkeiten angelangt. Er beginnt damit, dass er jedem Synkategorem, so auch dem »und«, eine Erkenntnisfunktion abspricht. Diese kann ihm nur im Zusammenhang mit einer kategorialen Bedeutung verliehen werden.** »Und« gibt an sich

---

* Dieser teleologische Optimismus ist zweifellos irreduzibel; er spricht sich am Ende des Abschnitts, den wir gerade lesen, in aller Offenheit aus. Husserl schließt dort: »*und* dass somit die Sachlage wirklich besteht, welche durch die Möglichkeit der Adäquation zwischen Intention *und* Erfüllung als notwendig gefordert ist.« (Ebd., S. 324 f. Ich betone natürlich die *Verwendung* des »und«).

** »[...] keine synkategorematische Bedeutung, nämlich kein Akt von unselbständiger Bedeutungsintention, in der Erkenntnisfunktion stehen kann, wenn nicht im Zusammenhang einer kategorematischen Bedeutung. Und statt *Bedeutung* könnten wir natürlich auch sagen *Ausdruck*, normal verstanden als *Einheit* von Wortlaut *und* Bedeutung oder Sinn« (ebd., S. 323). Husserl selbst betont das zweite *und*, aber beide »und« in diesen Zeilen haben einen operativen und keinen thematischen Wert, sie werden verwendet und nicht thematisiert.

nichts zu erkennen. Aber es trägt dennoch Sinn und hier muss die Erfassung des *Sinns* [*sens*] von der Funktion der *Erkenntnis* [*connaissance*] getrennt werden. Nachdem Husserl betont hat, dass »auch die leere Bedeutungsintentionen – die ›uneigentlichen‹, ›symbolischen Vorstellungen‹, welche dem Ausdruck außerhalb jeder Erkenntnisfunktion Sinn verleihen – den Unterschied der Selbständigkeit und Unselbständigkeit in sich tragen«,* stellt sich ihm nun eine entscheidende Frage. Diese Frage steht an der Nahtstelle und/oder der Disjunktion zwischen Sinn und/oder Erkenntnis, und sie wird, so glaube ich, eine entscheidende strategische Rolle spielen in der Geschichte von »Die Dekonstruktion und ... all ihre anderen«: Wie kann man ein Synkategorem an sich (zum Beispiel »und«) *verstehen* und warum gibt es dort Sinn und denkbaren Sinn, wo es an Erkenntnis mangelt? »Und« lehrt uns nichts, es lässt uns nichts wissen, und doch verstehen wir einen bestimmten Sinn des Wortes oder des Noems »und«. Wir können es sogar substantivieren, wie Husserl

* Ebd., S. 324

es später noch näher erläutern wird. Als Kategorem wird das »und« der Konjunktion wie ein Name bezeichnet, es fungiert als Name der Konjunktion; und wir können es zitieren, erkennen und identifizieren, ohne dass es in einen Erkenntniskontext eingebunden ist.

Aber Husserl ist entschlossen, die Frage zu lösen, die er mutig in diesen Worten formuliert:

»Wie erklärt sich die unanfechtbare Tatsache, dass vereinzelte Synkategorematika, z. B. das vereinzelte Wort *und*, *verstanden* werden? Sie sind hinsichtlich ihrer Bedeutungsintentionen unselbständig, das heißt doch, dass solche Intentionen nur in kategorematischen Zusammenhängen bestehen können; also müsste die herausgerissene Partikel, das vereinzelte *und*, ein leerer Schall sein. Die Schwierigkeit kann sich nur in folgender Weise lösen: «*

Und dann folgt ein ziemlich umständlicher Absatz. Er wird durch eine Logik der virtuellen Ergänzung

---

* Ebd.

oder durch einen Gegensatz zwischen *normaler* und *anomaler* Funktionsweise organisiert: Entweder hat das Synkategorem »und« nicht dieselbe Bedeutung wie in einem kategorialen Kontext oder es hat potenziell eine »Bedeutungsergänzung« erhalten, die es in einen unvollständigen Ausdruck verwandelt hat, zwar unvollständig, aber doch Ausdruck einer virtuell »lebendigen und vervollständigten« Bedeutung:

»Das isolierte *und* verstehen wir entweder dadurch, dass sich ihm der indirekte, obschon wörtlich nicht artikulierte Gedanke *einer gewissen uns wohlbekannten Partikel* als anomale Bedeutung zugesellt; oder wir verstehen es dadurch, dass sich unter Beihilfe vager Sachvorstellungen und ohne jede wörtliche Ergänzung ein Gedanke des Typs *A und B* einstellt.«*

Im letzteren Fall, so schließt Husserl, erfüllt das »und« seine Funktion auf zwei Arten gleichzeitig, normal und anomal: normal in dem Maße, in dem

* Ebd.

es mit einer inneren virtuellen Vollständigkeit verbunden ist, und anomal in dem Maße, in dem diese Vollständigkeit nicht in äußere Ausdrücke eingebettet ist. Der Unterschied zwischen *normal* und *anomal* wird später eine wichtige Rolle spielen, wenn es um die *suppositio materialis* geht, d. h. um die Möglichkeit, dass jeder Ausdruck (Synkategorem *oder* Kategorem) zu seinem eigenen Namen wird, zum Beispiel wenn er sich selbst als grammatikalisches Phänomen benennt. Dies ist für Husserl eine »anomale« Bedeutung, denn – ein axiomatischer Satz, der zugleich notwendig, stark, offensichtlich und ziemlich verblüffend für denjenigen ist, der seine ganze Konsequenz verfolgen will – »[l]ogisch betrachtet ist aller Bedeutungswechsel als Abnormalität zu beurteilen«.*

»Sagen wir *›und‹ ist eine Konjunktion,* so haben wir nicht das Bedeutungsmoment, das dem Wort *und* normalerweise entspricht, an die Subjektstelle gebracht, sondern hier steht die selbständige, auf das

* Ebd., S. 330

Wort *und* gerichtete Bedeutung. In dieser anomalen Bedeutung ist das *und* in Wahrheit kein synkategorematischer, sondern ein kategorematischer Ausdruck, es nennt sich selbst als Wort.

Ein genaues *Analogon* der *suppositio materialis* liegt vor, wo der Ausdruck *statt seiner normalen Bedeutung eine Vorstellung dieser Bedeutung* (d.h. eine Bedeutung, die auf diese Bedeutung als ihren Gegenstand gerichtet ist) trägt. So verhält es sich z.B., wenn wir sagen: *›und‹, ›aber‹, ›größer‹ sind unselbständige Bedeutungen.* In der Regel werden wir hier sagen: die Bedeutung der Wörter *und, aber, größer* sind unselbständig. Ebenso fungieren in dem Ausdruck *›Mensch‹, ›Tisch‹, ›Pferd‹ sind Dingbegriffe* Vorstellungen dieser Begriffe, und nicht die Begriffe selbst, als die Subjektvorstellungen. In diesen wie in den vorigen Fällen wird die Bedeutungsänderung mindestens im schriftlichen Ausdruck in der Regel angezeigt, etwa durch Anführungszeichen oder andere (wie wir es passend nennen könnten) *heterogrammatische Ausdrucksmittel.*«*

– Wenn ich es richtig verstehe, ist die Dekonstruktion, oder zumindest das, was sich irgendwann einmal »die Dekonstruktion« genannt hat, eine Geste, die dieser Logik der Husserlschen Phänomenologie nicht frontal entgegengesetzt zu sein scheint. Vielmehr würde es ihr darum gehen, rigoros die Konsequenzen aus der Unmöglichkeit einer vollständigen Sättigung für die sogenannten kategorialen Kontexte und für einen Kontext im Allgemeinen zu ziehen, oder noch genauer gesagt, aus der stets offenen Möglichkeit jener unvollständigen, synkategorialen Funktionsweisen, die Husserl als »anomal«, »uneigentlich«, »symbolisch« und später »kritisch« bezeichnet (im Sinne der »Krisis«, der Krisis der europäischen Wissenschaften und der Philosophie, die nach Husserl ihren Ursprung immer in diesem Verlust der intuitiven und lebendigen Fülle in der Erfahrung der Bedeutung, der Sprache

* Ebd., S. 331

im Allgemeinen, des Zeichens oder des Ausdrucks hat). Daher das Interesse »der Dekonstruktion« an der Syntax der Synkategoreme (*nicht, ohne, außer, weder ... noch [ni ... ni], sowohl ... als auch [et ... et], entweder ... oder [ou ... ou]*), d. h. für alles, was Husserl als unvollständig, anomal oder in einem herausgelösten Zustand bestimmt und was »die Dekonstruktion« als Chance, aber auch als Bedrohung betrachtet (die Bedrohung ist *auch* eine Chance, es gäbe keine Chance ohne Bedrohung, hier haben wir ein Axiom, das oft wiederkehrt). Daher auch die Investition »der Dekonstruktion« in die Verfahren der »Herauslösung« und in die Anführungszeichen, in die inhärente und irreduzible Möglichkeit jeder Stelle, wiederholt, überhaupt thematisiert oder zitiert zu werden. Es ist übrigens merkwürdig, dass Husserl, der die phänomenologische Reduktion oft in der Figur der Einklammerung, der eckigen Klammern oder der Anführungszeichen beschreibt, dazu übergeht, diese Zeichen als Zeichen einer Anomalie zu beurteilen, deren Schicksal mit der Schrift, mit einer heterogrammatischen Schrift verbunden ist. Und in dieser Hinsicht markiert »die Dekonstruktion«

noch eine Überbietung der Treue, wie es oft der Fall ist, zu einer bestimmten phänomenologischen Inspiration. Wie Sie wissen, gibt es für Husserl mehr als eine Reduktion (eidetische und transzendentale). Die transzendentalen Reduktionen selbst pluralisieren sich, sie radikalisieren sich in einer Art hyperbolischer Übersteigerung. Und sobald sie sich gegenseitig *in die Tiefe* reißen, miteinander verknüpfen oder sich gegenseitig unterbrechen, kann man sich diese Vielfalt als Polyphonie vorstellen – darüber hinaus als ein *Alter Ego* innerhalb des *Ego*, etc. Wenn jede Sprache, das wurde an anderer Stelle angedeutet,* in sich selbst eine Art spontane, eidetische und transzendentale Reduktion darstellt und daher auch »natürlich« und mehr oder weniger naiv ist, kann die Vielzahl der Reduktionen von dem mehr oder weniger verwirrenden Konzert mehrerer Stimmen getragen werden. Die Dekonstruktion ist durch all

* Jacques Derrida: Husserls Weg in die Geschichte am Leitfaden der Geometrie, übers. v. Rüdiger Hentschel u. Andreas Knop, München 1987 [Paris 1962]. Zum »und so weiter« als Grundform der Idealisierung, ebd., S. 180, Fußnote 33.

diese Reduktionen hindurch nicht nur mehr als eine Sprache, sondern bereits mehr als eine Stimme ...

– Oft träume ich und frage mich, wie oft irgendetwas bereits passiert ist in meinem Leben. Und wie oft ich dies getan habe? Und wie oft mir jenes zugestoßen ist? Und wie oft ich nach Hause gegangen bin? Und wie oft ich eine rote Ampel beachtet oder übertreten habe? Und Liebe gemacht? Und eine Vorlesung begonnen oder einen Vortrag gehalten? (Und ich lasse Sie die Reihe der möglichen Beispiele vervielfachen, aber Sie wissen, dass dies kein Spiel ist, ich stelle mir diese Fragen tatsächlich und oft, immer und immer wieder.) Und wie oft habe ich ein bestimmtes Wort ausgesprochen oder geschrieben? Und hier wechseln wir die Art und Weise der Wiederholung, denn die Wörter eröffnen für sich ein originelles Feld für serielle Wiederholung, für Wiederholbarkeit, Exemplarität etc., und das »und« selbst ist ein Wort. Wie oft habe ich beispielsweise mündlich oder schriftlich das Wort »Dekonstruktion« verwendet (oder es vermieden, was eine andere Verwendungsweise ist)? Und das Wort »und«?

– Und wie lustig sie sind! Sind sie nicht lustig? Und immer wieder vermischen sie gelehrte und sprachphilosophische Referenzen (siehe Husserl) und noch weiteres mit persönlicher Vertrautheit und dem Erzählstil in einem fiktiv dialogischen Austausch, als ob es da eine Verbindung gäbe. Seltsam ...

– Aber wie steht es mit »Die Dekonstruktion und ...«, würden Sie diesen Titel nicht besser auf Französisch belassen? Ist das nicht die einzige Sprache, in der das »und« [et] wie das Homophon von »ist« [est] klingt? Ich habe das Gefühl, dass sich so viel Dinge zwischen dem »und« und dem »ist« in Reserve halten. Zunächst einmal könnte man nichts über »Die Dekonstruktion und ...« sagen, ohne eine definitorische Vorannahme wie »Die Dekonstruktion ist ...« zu implizieren. Und zweitens bedeutet auch das »und« etwas (etwas Vollständiges oder Unvollständiges), aber in jedem Fall »etwas« (Verbindung, Entbindung, Konjunktion, Disjunktion, Opposition, Addition, Ergänzung, Zusatz, etc.) und damit etwas, von dem man sagen können muss »dies ist«, »hier ›und‹ ist« ... Husserl hat uns vorhin an diese Möglichkeit der kategorialen Nominalisierung erinnert. Darüber hinaus hat sich zwischen dem »und« und seinem französischen Homophon (oder sogar Homonym) »ist« eine zweideutige Verbindung ergeben, gerade im französischen Kontext und somit in einer unübersetzbaren und dunklen Signatur der Dekonstruktion (anomal, jeder Erkenntnisfunktion und jeder Wahrheit fremd, würde Husserl sagen). Denn diese oder das, was man so nennt, beginnt damit, die Frage »Was ist das?« in Frage zu stellen, die Frage, die unter der Autorität des »ist« eingerichtet wird, als einer Bestimmung des Seins, und zwar des Seins, das so aus dem Indikativ oder Partizip Präsens des Verbs »sein« nominalisiert wird. Vom Sein dieses »ist« aus (oder seit das Sein als verallgemeinertes Objekt auftritt) organisiert sich eine fundamentale Ontologie oder eine transzendentale Phänomenologie, die, prinzipiell und *de jure*, die Pyramide der Ontologien, Phänomenologien oder sogenannten Subdisziplinen vertikal dominiert. Indem sie dieses hierarchische Schema in Frage stellt, es verschiebt, ohne es notwendigerweise zu diskreditieren, öffnet »die Dekonstruktion« oder was man so nennt, den

Raum für eine andere Organisation der (nicht notwendigerweise pyramidalen) Beziehungen, zwischen einer Reihe von »und«, die die besagten »Unterabteilungen« (eine neu zu überdenkende Bezeichnung) und die onto-phänomenologische Ordnung des »ist« horizontal koordinieren. Aus diesem Grund gibt es keine *Enzyklopädie*, kein zirkuläres Prinzip der Pädagogik und keine »große Logik« der Universität, die sich nicht dekonstruieren ließe. Die Dekonstruktion berührt alles, sobald sie die ontologische Hierarchie berührt, sie löst die Selbstidentität eines »ist« und eines »und« auf, sie führt überall, zwischen allen Bereichen oder disziplinären Feldern ein Prinzip der Kontamination, der Übertragung und sogar der Übersetzung ein, aber einer Übersetzung ohne Transparenz und ohne Angemessenheit, ohne reine Analogie. Daher die Mischung aus Anziehung und Intoleranz, die sie in Institutionen im Allgemeinen und in der Universität im Besonderen hervorruft.

– Die traditionelle Ordnung, die auf diese Weise bis in ihr hierarchisches Prinzip hinein beunruhigt wird, ist diejenige, die im Wesentlichen das »und«

dem »ist« unterordnet. Und auch Husserl gibt ihr in der »Beilage I« der *Formalen und transzendentalen Logik* eine bemerkenswert dichte Form.* Die konjunktiven Verknüpfungsformen (»die des *Und* und *Oder*«, sagt er, aber er hätte auch »die des *Oder* oder *Und*« sagen können) haben keine bevorzugte Beziehung zum Urteil schlechthin, dem »prädizierenden« oder »apophantischen Urteil«. Für dieses ist die »Verbindungsweise« der Kopula oder auch die »*Ist-Form*« die beste »Funktionsform«. Denn sie macht die Glieder »zu Gliedern des Satzganzen«. Lesen Sie die Rhetorik dieser Passage ein zweites Mal. Husserl unterscheidet dort in aller Deutlichkeit und in gesperrten Lettern zwischen dem, was »Einerseits« liegt, nämlich das »und«, und dem, was »Anderseits« liegt, nämlich das »ist«. Aber es gibt hier weder eine horizontale Symmetrie noch eine Kommensurabilität. Zugunsten einer Logik, einer

---

* Edmund Husserl: Formale und transzendentale Logik – Versuch einer Kritik der logischen Vernunft, Husserliana Band XVII, hrsg. v. Paul Janssen, Beilage I, § 5, Den Haag 1974, S. 303 f.

Ontologie, einer Phänomenologie wird das, was sich auf der Seite des »und« befindet, dem, was sich auf der Seite des »ist« befindet, zu- und untergeordnet. Klassischerweise. Hier haben wir den entscheidendsten strategischen Ort für »dekonstruktive« Fragen, mit allen sich daraus ergebenden Verschiebungen in den Beziehungen von »der Dekonstruktion und ...«, gemäß all den syntagmatischen »Ensembles«, die wir eingangs erwähnten.

– Und was bedeutet dann »Dekonstruktion und ... etc.«?

– Nichts, bevor man daraus einen Satz macht, natürlich, oder einen organisierten Diskurs. Mal sehen – *die* Dekonstruktion, haben wir jemals gewusst, was das bedeutet? Und ging es nicht darum, alles zu tun, um zu diesem Punkt des »Denkens« zurückzukehren, an dem sich ein »Gedanke« »denken« ließe, der zunächst oder schließlich nichts sagen wollte? Und der Wortschatz des »Denkens« (Denken, zu denken, denkendes Denken, gedachtes Denken) würde nur vom Ursprungspunkt der Bedeutung [*signification*], des Sagenwollens aus bestimmt werden und seinen

Sinn [*sens*] erhalten, d. h. dort, wo die Bedeutung *und* die Nicht-Bedeutung, das Sagenwollen *und* das Nicht-Sagenwollen (manche, die Bedeutung und Sinn miteinander identifizieren, würden von Sinn [*sens*] *und* Unsinn [*non-sens*] sprechen), wo sich diese gemeinsam artikulieren, sich aneinanderfügen, sich verbinden und sich trennen (wieder das »und« und das »oder«). Gemeinsam und getrennt. Aber ist das nicht sogar noch notwendiger für die »Dekonstruktion und ... X (irgendetwas anderes)«? Denn das Andere der Dekonstruktion – ich meine das Andere in all seinen Formen, das Entgegengesetzte, das Eingebundene, den Freund oder den Feind, die Ergänzung oder die Erweiterung – ist dann von derselben Notwendigkeit betroffen: sich reduzieren, d. h. dorthin zurückführen zu lassen, wo »es« nicht bedeutet, noch nicht oder schon nicht mehr bedeutet? Jenseits dessen bedeutet »und« für sich alleine genommen nichts. Man kann keine vollständige Intuition von ihm haben. Husserl hatte nicht Unrecht, als er sagte, dass es sich hierbei um eines dieser »unvollständigen« Synkategoreme handelt, selbst wenn man ihm nicht darin folgt, was er aus dieser Unvollständigkeit macht.

– Wird also niemand jemals die Geschichte schreiben, die eigenständige und spezifische Geschichte des »und«? Die Geschichte seiner Logik oder seines Systems, zumal der Idee des Systems, der organisierten Vielheit, der Synthese, des »syn« (*cum, avec, apud hoc, with, mit*), wie all dies entweder eine engere Modalität darstellt oder, im Gegenteil, eine mächtigere Kategorie des Synkategorems »*kai*«, »*and*«, »*und*«, »*e*«, »*et*«, *et cetera*, was man sogar *auch* von *etcetera* sagen könnte, und *sogar* (*etiam*) von *auch*, und sogar von *sogar*. Wer wird jemals die Geschichte der Taxonomie aller Werte des »und« schreiben – darunter auch die Idee der taxonomischen Ordnung selbst: einer Klassifizierung, hierarchisch oder nicht, via Disjunktion, Konjunktion, Nebeneinanderstellung, Gegeneinanderstellung (also zunächst einmal via »Stellung«)? Und wenn die Dekonstruktion bei der Idee einer solchen Geschichte, ihrer Möglichkeit oder Unmöglichkeit ein Wörtchen mitzureden hat, wer wird dann die

Geschichte des »und« schreiben, das auf zweifellos einzigartige Weise die Dekonstruktion »und« X (der Buchstabe für so viele Unbekannte) nicht benannt, sondern gebunden, aneinandergebunden, zusammengebunden oder auseinandergebunden haben wird (denn es handelt sich um eine Grammatik der Bindung/Entbindung)? Bevor wir von dieser Geschichte träumen, sollten wir das System hinterfragen. Aber was ist ein System? Mindestens eine Reihenfolge der Konjunktionen, die jedoch eine bestimmte Form in der Geschichte aller möglichen »Konjunktionen« und konsistenten »Ensembles« bleibt. Da wären »und« und »und« sowie »Dekonstruktion« und »Dekonstruktion«. Das *und* selbst kann sich nicht zusammenfügen; es scheitert daran, aber das ist seine Chance, mit sich selbst eins zu werden; es dekonstruiert sich selbst oder lässt sich vielmehr dekonstruieren, zu seinem eigenen Nachteil und herausgelöst durch das, was ihm widerfährt, was ihm folgt oder vorausgeht, was ihm von anderswo (»... und X«) oder aus der homogenen oder heterogenen Reihe der *und* selbst entspringt (*und ... und ... und ... etc.*) ...

– Sie flüchten sich, vielleicht aus Zeit- und Platzmangel, oft in dieses winzige Wort: »und«. Der Unterschlupf scheint sicher und die Formalisierung ökonomisch, also wirkmächtig. *Bevor* wir das »ist« oder die Frage »Was ist das?« umkreisen, *vor* der ganzen Geschichte der Philosophie als Ontologie, *vor* der philosophischen Definition der Dekonstruktion (»Die Dekonstruktion ist dies oder das, oder nichts oder alles«, etc.), *vor* Spekulationen über die problematische Unterscheidung zwischen dem theoretischen, konstativen oder deskriptiven »ist« und der performativen Kraft, das Ereignis zu schaffen, sogar *vor* dem prä-performativen Ereignis, dem Ereignis, das wie jedes andere geschieht, *vor* jeder Erwartung und jeder möglichen Performativität, wird es ein Wort gegeben haben, das zumindest im Französischen noch kürzer ist als das »ist« [est] – das Homophon »und« [et] (ein Buchstabe weniger). Ohne den »Sinn« eines »und« würde nichts geschehen, weder die Verkettung noch der Bruch, weder die Konsequenz noch die Konsekution, weder die Konjunktion noch die Disjunktion, noch die Verbindung, noch die Opposition, noch die strategische Allianz, noch das Nebeneinander, noch das *Miteinander*-Sein, das *Ohne-einander*-Sein, das Zusammen-Sein, das Ausgeschlossen-Sein, das Nicht-Sein, etc.

– Wenn man formalisieren muss, um schnell voranzukommen (und die Dekonstruktion, wie auch die Bewegung der *différance* selbst, erfordert ein Denken der Ökonomie, also der Geschwindigkeit), dann muss man mehr über ein bestimmtes Gesetz sagen, das jede Beziehung des Typs »Dekonstruktion und ...« zu bestimmen scheint. Wenn meine Hypothese richtig ist und es hier tatsächlich ein Gesetz gibt, dann kann man eine Wiederkehr registrieren, eine geregelte *Serie* von Wiederholungen, von denen jede exemplarisch für alle anderen sein muss (wieder die Frage nach dem »und« – ein Hinweis auf Serialität und/oder Exemplarität, zwei bevorzugte Themen für jede Dekonstruktion). Jedes Mal, wenn ich »Dekonstruktion und X« sage (was auch immer das Konzept oder das Thema ist), ist dies der Auftakt zu einer sehr singulären Teilung, die aus diesem X eine Unmöglichkeit macht oder vielmehr in diesem

X eine Unmöglichkeit erscheinen lässt, die zu ihrer eigenen und einzigen Möglichkeit wird, sodass zwischen dem X als Möglichkeit und demselben X als Unmöglichkeit nur noch ein Verhältnis der Homonymie besteht, über das noch Rechenschaft abgelegt werden muss (philosophisch, dieses Mal nach dem Prinzip der Vernunft, das in jedem Versuch, zu erklären, Rechenschaft abzulegen, etc. impliziert ist). Zum Beispiel, um mich auf bereits in Büchern oder Seminaren versuchte Demonstrationen zu beziehen, ist eine Erfindung (und somit ein Ereignis), ein Geschenk, eine Vergebung, eine Gastfreundschaft (und damit so viele andere Dinge) nur *als Unmögliches*, als das Un-mögliche, d. h. bedingungslos möglich. Wenn man diese Demonstrationen überzeugend findet, die wir hier nicht in Gänze wiedergeben können, dann (und ich werde mich hier auf diese Konsequenz beschränken) gibt es zwischen X *und* X (Gabe *und* Gabe, Vergebung *und* Vergebung, etc.), zwischen dem X als dem Möglichen *und* dem X als dem Unmöglichen nur ein Verhältnis der Homonymie, also ein semantisches oder synonymisches Nicht-Verhältnis, ein Verhältnis ohne Bezug. Es gibt

Gabe *und* Gabe, zwei heterogene Verwendungen desselben Wortes, und doch, trotz dieser Inkommensurabilität, muss über diese Homonymie noch Rechenschaft abgelegt werden. Denn sie ist kein Zufall, der eine der beiden Begriffe trägt denselben Namen wie der andere, weil er dessen Ziel oder hyperbolische Spannung ist (die einzige Gabe, die einzige Erfindung, die einzige Vergebung, die einzige Gastfreundschaft, die ihres Namens würdig ist, ist die Gabe, die Erfindung, die Vergebung, die Gastfreundschaft als un-mögliche). Dann gibt es »Dekonstruktion und X«, aber zuerst »X und X«, und daher »Dekonstruktion und Dekonstruktion«.

– Habe ich das richtig verstanden? Es gäbe so etwas wie eine Regel, ein bevorzugtes Verfahren in einer Dekonstruktion, die jedoch weder eine Methode noch eine aneignungsfähige Technik ist, sondern ein Ereignis oder ein Stil. Die Wiederkehr, die Wahrscheinlichkeit dieser Quasi-Regel (einer Regel ohne Regel, da das Beispiel jedes Mal absolut anders ist) würde oft durch eine Art disjunktive Konjunktion im bedrohten Inneren jedes konzeptuellen oder verbalen Atoms erfolgen: Dies und dies, dies ohne dies, dies außer diesem, Liebe und (ohne) Liebe, Gott und (ohne) Gott, Sein und (ohne) Sein, Religion und (ohne) Religion, Glaube und (ohne) Glaube, und Vergebung und (ohne) Vergebung, Gabe und (ohne) Gabe, wobei das eine im Namen seiner selbst dekonstruiert wird, oder vielmehr im Namen dessen, was, ganz anders, zu seinem bloßen Homonym wird. Und das »und« würde dann sowohl [et] die Differenz als auch [et] die Indifferenz anzeigen. Es gibt Dekonstruktion und Dekonstruktion.

– Niemals sollte man »die« Dekonstruktion sagen (und ich bemühe mich, es nie zu sagen, es so selten wie möglich zu sagen). Und wenn die Dekonstruktion jedoch immer pluralistisch ist, wenn es nur Dekonstruktionen gibt, die jedes Mal eine andere Handschrift tragen, dann wird die sokratische Frage nicht auf sich warten lassen: Was haben sie gemeinsam? Was macht diese Dekonstruktionen zu Dekonstruktionen, die es verdienen, denselben Namen zu tragen und zu rechtfertigen, und sei es auch nur im Plural? Was rechtfertigt den Namen

»Dekonstruktion«? Oder muss man sich fragen: »Wer« rechtfertigt diesen Namen, wer autorisiert ihn, welche Unterschrift ist beispielhaft? Alle Aporien des »und«, die wir gerade angesprochen haben (und das sind auch die des Unentscheidbaren als Bedingung für eine mögliche-unmögliche Entscheidung, der passiven Entscheidung als Entscheidung des anderen in mir, und des *double bind*, und der Ergänzung: sowohl ... als auch [et ... et], entweder ... oder [ou ... ou], und/oder, weder ... noch [ni ... ni], etc.), tauchen zwischen jedem (dekonstruktiven) Ereignis und seiner Signatur (»die Dekonstruktion und ich, und ich, und ich«) wieder auf. Eine Frage des Eigennamens. Im Zusammenhang mit dem Eigennamen, aber auch in »Der Aphorismus – zur Unzeit«, hatte er einst von einem gewissen »Theater des ›und‹ ...« gesprochen.*

---

* »Romeo und Julia, die Verbindung zweier aphoristischer, aber zusammengehaltener Begehren [...]. Das *und* dieser Verbindung, das Theater dieses ›und‹ hat man oft als die Szene der zufälligen Unzeit, der aleatorischen Anachronie vorgestellt und dargestellt: das verpasste Rendezvous; der unglückliche Zwischenfall; der Brief, der nicht an seinem

– Ich möchte noch ein Wort hinzufügen, bevor

Bestimmungsort ankommt [...].« (Jacques Derrida: Der Aphorismus – zur Unzeit, in ders.: Psyche – Erfindungen des Anderen II, übers. v. Markus Sedlaczek, Wien 2013 [Paris 1987–88], S. 124 f.). Zum *double bind* und der doppelten Strenge der Verknüpfung oder der Konjunktion vgl. ders.: Glas – Totenglocke, übers. v. Hans-Dieter Gondek u. Markus Sedlaczek, Paderborn 2006 [Paris 1974] sowie ders.: Die Postkarte – Von Sokrates bis an Freud und jenseits, 2 Bde., übers. v. Hans-Joachim Metzger, Berlin 1982/87 [Paris 1980]. Zur passiven Entscheidung als Entscheidung des anderen in mir, vgl. vor allem ders.: Politik der Freundschaft, übers. v. Stefan Lorenzer, Frankfurt a.M. 2000 [Paris 1994]. Zur Ergänzung, vgl. vor allem ders.: Grammatologie, übers. v. Hans-Jörg Rheinberger u. Hanns Zischler, Frankfurt a.M. 1983 [Paris 1967]. Die logischen Ressourcen des »und« werden zudem analysiert in ders.: Otobiografien – Die Lehre Nietzsches und die Politik des Eigennamens, in ders. u. Friedrich Kittler: Nietzsche – Politik des Eigennamens – Wie man abschafft, wovon man spricht; Berlin 2000 [Paris 1984], S. 16 f., darin zu einer bestimmten Passage der Unabhängigkeitserklärung (»[...] solemnly PUBLISH and DECLARE, That these united Colonies are and of Right ought to be FREE AND INDEPENDENT STATES ... – ›Are and ought to be‹: das ›und‹ artikuliert und verbindet hier die beiden diskursiven Modalitäten, das Sein und das Sollen, die Feststellung und die Vorschrift, das Faktum und das Recht. *Und* ist Gott: zugleich Schöpfer der Natur und Richter, höchster ich es vergesse: Die Dekonstruktion ist nicht nur pluralistisch, zugleich möglich *und* unmöglich, weil möglich *als* unmögliche. Um es zu formalisieren, berücksichtigt sie zunächst nicht nur das »und« aller Additionen und aller »gefährlichen Ergänzungen« und aller Hierarchien, die mehr oder weniger heimlich in der aufzählenden und/oder entgegensetzenden Ordnung des »und« am Werk sind. Sie bemüht sich auch, das »und« des mehrdeutigen Exzesses zu denken (und das wäre das Denken selbst, wenn es so etwas gibt), das »und«, das jede kollektive Ordnung auf den Weg der Dissemination, der Zerstreuung und Fragmentierung bringt. Das disseminierte »und« ist das »mehr als eins«* und das

---

Richter über das, was ist (der Zustand der Welt), und über das, was sich auf das bezieht, was sein soll, (die Richtigkeit unserer Absichten). [...] Damit diese Erklärung einen Sinn *und* einen Effekt hat, bedarf es einer letzten Instanz. Gott ist der Name, der beste Name für diese letzte Instanz, diese letzte Unterschrift.«).

* Seit »Die différance« von 1967 (in Jacques Derrida: Randgänge der Philosophie, übers. v. Eva Pfaffenberger-Brückner u.a., Wien 1988 [Paris 1972]) scheinen so viele Formulierungen des »Einen, das sich von sich selbst unterscheidet«, mehr

»mehr als eine Stimme«* und das »mehr als eine Sprache«** und das »mehr als zwei«*** und das »mehr als drei«****, etc.

---

und weniger als es selbst, zu den ökonomischsten Aussagen in ders.: Dem Archiv verschrieben – Eine Freudsche Impression, übers. v. Hans-Dieter Gondek u. Hans Naumann, Berlin 1997 [Paris 1995] zu führen, wie zum Beispiel »Der/das Eine hütet sich vor dem Anderen« oder »Der/das Eine wird Gewalt/tut sich Gewalt an« (S. 141, 142).

* Vgl. zum Beispiel die letzten Worte in Jacques Derrida. Psyche – Erfindung des Anderen, übers. v. Markus Sedlaczek, Wien 2011 [Paris 1987], »und das kommt/geschieht (*arrive*) nur zu mehreren Stimmen« (S. 83).

** Wenn der Ausdruck »mehr als eine Sprache« zur ironischen Definition der Dekonstruktion in Jacques Derrida: Mémoires – Für Paul de Man (übers. v. Hans-Dieter Gondek, Wien 1988 [New York 1986/Paris 1987], S. 31 f.) auftaucht, folgen darauf ein Gedankengang und eine Frage, die hier mitschwingen: »Aber wieviele Sätze können mit ›Dekonstruktion‹ gebildet werden?«

*** Insbesondere zur Frage des Dritten, vgl. Jacques Derrida: Adieu – Nachruf auf Emmanuel Lévinas, übers. v. Reinold Werner, München 1999 [Paris 1997], vor allem S. 48 ff.

**** Zum Jenseits der Drei, zur Beziehung zwischen drei und vier, vgl. Jacques Derrida: Dissemination, übers. v. Hans-Dieter Gondek, Wien 1995 [Paris 1972].

– Ja, und da die Unterschrift eines Eigennamens immer ein *Ja* ist, eine Bekräftigung, die verspricht, sich zu wiederholen, zu bestätigen und gegenzuzeichnen, sich also gleichzeitig zu erinnern und zu vergessen, um jedes Mal das erste und einzige Mal neu zu unterschreiben (*ja, und ja, und ja*), müssen wir der Liste dieser Kleinst-Vokabeln, die sich zwischen die Dekonstruktion und jedes mögliche X schieben und implizieren, ein *Ja* hinzufügen.

– Ja und nein, also! Und nicht nein [et non non] und nein [et non], ansonsten, und ohne das Nein [et sauf le non], wäre ein Ja niemals möglich. Ja, werden Sie sagen, aber auch nein, nicht wahr?

– Ja, ja. Und ja …

Jacques Derridas *Et cetera* auf der Schwelle in den deutschsprachigen Diskurs

Thomas Schlereth

> »das leere Flickwort *und*, das wir gar nicht verstehen, und welches überhaupt das unverständlichste und durchaus durch keine bisherige Philosophie erklärte Wort in der ganzen Sprache ist«
>
> Johann Gottlieb Fichte: *Die Wissenschaftslehre – Zweiter Vortrag im Jahre 1804, Siebenter Vortrag*

Die vorliegende Übersetzung geht primär auf das Interesse an der philosophischen Fragwürdigkeit der Konjunktionen zurück. Was haben kleine Worte wie das *und* für die Frage nach dem Denken beizusteuern? Wie verortet sich das menschliche Denken in der Welt angesichts dessen, dass ihm Worte wie das *und* gegeben sind? Gibt es aus dieser Richtung, aus dem Zwischen oder Jenseits großer Begriffe, ergänzende oder anders lautende Angebote? Wohin könnte es das Denken führen, sich von diesen Lauten ohne Bedeutung in einem inhaltlichen Sinn leiten zu lassen?* Was macht es also mit den Konzepten und Prinzipien von Inhalt und Bedeutung, wenn die Binde- und Fügeworte nicht mehr nur formale Dienstleister zu inhaltlich vorbestimmten Zwecken darstellen? Wenn sie nicht mehr ausschließlich in linguistischen und formal-logischen Reglements aufgehen, sondern auch an deren Grenzen und über sie hinaus auftreten? Denn welcher Satz, welche Aussage, welcher Text steht nicht vor einem potenziell neuen Anfang und einer anderen Offenheit, sobald sich das abschließende Satzzeichen durch ein *und* ersetzt sieht?

---

* Laute ohne Bedeutung – so stuft Aristoteles die Konjunktionen in seiner Poetik ein. Insgesamt gliedert er die Bestandteile der Sprache dort nach Größe und Funktion in folgender Reihung: »Buchstabe, Silbe, Konjunktion, Artikel, Nomen, Verb, Kasus, Satz.« (Aristoteles: Poetik, übers. v. Manfred Fuhrmann, Stuttgart 1982, S. 63)

Die Entdeckung von Jacques Derridas *Et cetera* verdanke ich der Lektüre von Peter Bextes *Konjunktion und Krise.** Zwar widmet Bexte den Zeilen von Derrida keine gesonderte Betrachtung. Dafür spürt er den Mitteln und Wegen der Konjunktion *und* in einer Fülle anderweitiger Beispiele nach, um eine besondere Verdichtung der Funde in den 1920er Jahren auszumachen – der Zeit zwischen den beiden Weltkriegen. Die Spezifika der Konjunktion kommen dabei nicht nur im Medium von Texten zu Bewusstsein, wie etwa und allem voran in der philo-

---

* Peter Bexte: Konjunktion & Krise – Vom ›und‹ in Bildern und Texten, Berlin 2019, S. 173. Dazu vorbereitende Aufsätze vom selben Autor: *Vorwörter – Bemerkungen zu Theorien der Präpositionen*, in Jan-Hendrik Möller, Jörg Sternagel, Lenore Hipper (Hg.): Paradoxalität des Medialen, München 2013, S. 25–40; *›und‹ – Bruchstellen im Synthetischen*, in Gabriele Gramelsberger, Peter Bexte, Werner Kogge (Hg.): Synthesis – Zur Konjunktur eines philosophischen Begriffs in Wissenschaft und Technik, Bielefeld 2014, S. 25–40; *Trennen und Verbinden – Oder: Was heißt ›und‹?*, in Dieter Mersch u. Michael Mayer (Hg.): Internationales Jahrbuch für Medienphilosophie, Volume 1, Berlin/München/Boston 2015, S. 51–66.

sophischen Arbeit von Franz Rosenzweig. Auch und gerade in Bildern beginnt das Befragen der Konjunktion sinnfällig zu werden. Hier wiederum treten die Assemblagen von Kurt Schwitters hervor. Als hätte das kleine Wort an den unzählbaren Optionen, die ihm innerhalb der Wortsprache offenstehen, noch lange nicht genug. Und auch im Detail geht die Konjunktion mit einem Zug ins schwer Begrenzbare einher. In jedem noch so kleinen Beispiel bewerkstelligt sie nicht nur eine Verbindung, sondern vollzieht stets parallel eine Trennung zwischen ihren Relata. So eignet das Wort mit seinen drei Lettern sowohl zum Zentralinstrument hoffnungsfroher Verknüpfungsvorhaben als auch zum Signum für eine aus den Fugen geratene Welt. Und in beiden Richtungen behält sich das *und*, einmal bemerkt, stets das letzte Wort vor. Die Geltungs- und Beherrschungsansprüche begrifflicher Ordnungen besitzen plötzlich erstaunlich viele Lücken in ihren Zäunen.

Mit diesen Beobachtungen und Fragen ist Peter Bexte im deutsch-sprachigen Raum nicht allein. Karen Gloy etwa nimmt sich dem *und* in der Mitte des philosophischen Grundproblems an, das mit dem Verhältnis von Einheit und Mannigfaltigkeit gegeben ist.* In einer eingehenden Untersuchung betraut sie die Konjunktion damit, das Fundament einer Strukturanalyse zu bilden. Ein erster Schritt gilt dabei der Kommutativität der Konjunktion: Vom *und* aus kann die Reihenfolge der beiden Relata umgestellt werden, ohne dass sich Veränderungen in der Bedeutung der Gesamtkonstellation ergeben. Die Konjunktion agiert dann im Sinne von *und ebenso*. Um den Widersprüchen zu begegnen, die zwischen Einheit und Mannigfaltigkeit bestehen, kann die Konjunktion in einem zweiten Schritt auch Verhältnisse des gegenseitigen Ein- und Ausschlusses vermitteln. Dafür nimmt sie Konnotationen wie *und darin* oder *und jenseits dessen* an. Nachdem sich die Spannungen der begrifflichen Inkohärenzen jedoch nicht aufheben, bleibt zuletzt der Fall, eine

---

* Karen Gloy: Einheit und Mannigfaltigkeit – Eine Strukturanalyse des »und« – Systematische Untersuchungen zum Einheits- und Mannigfaltigkeitsbegriff bei Platon, Fichte, Hegel sowie in der Moderne, Berlin/New York 1981.

gegenseitig ausgeglichene Abhängigkeit zwischen Einheit und Mannigfaltigkeit anzunehmen. Diese stützt sich schließlich auf ein temporales wie modales *und zugleich*. Allerdings erschöpft sich das *und* auch hier weder im Innern noch im Zwischen der verkoppelten Großbegriffe. Stets kann sie am Ausgang jedes Gesamtausdrucks wiederkehren, um auf irgendetwas Anderes zu pochen. Entsprechend ist zu ergänzen, dass die Konjunktion nicht nur verbindet, trennt und fundiert, sondern auch überschreitet.

Differenzmomenten dieser Art geht Mirjam Schaub in einem Aufsatz nach, der dem *und* bei Gilles Deleuze gewidmet ist.* Auch wenn die Konjunktion in dessen Œuvre keinem eigenen Text vorsteht, bekunden die wiederholten Rekurse auf das *und* ein anhaltendes Interesse und lassen – so Schaubs Ansatz – einen methodischen Zug erkennen. Dieser

---

* Mirjam Schaub: Das Wörtchen ›und‹ – Zur Entdeckung der Konjunktion als philosophische Methode, in Friedrich Balke u. Marc Rölli (Hg.): Philosophie und Nicht-Philosophie – Gilles Deleuze – Aktuelle Diskussionen, Bielefeld 2011, S. 227–251.

bestünde dann im Kern daraus, den fortlaufenden Gebrauch der Konjunktion als prinzipielle Möglichkeit anzuerkennen und darin eine eigenständige Urteilsform zu finden. Während die beiden klassischen Urteilsweisen darauf abzielen, einem Sachverhalt seine Existenz sowie bestimmte Attribute zu bescheinigen, unterläuft das Relationsurteil diese Abläufe der Welt- und Selbstbestätigung: Zuerst lässt es deutlich werden, wie es in den beiden anderen Urteilsformen stets vorausgesetzt werden muss. Dann zeigt es deren Unvollständigkeit und Überschätzung auf, um fortlaufend gleichrangige Alternativen und Abweichungen anschlussfähig werden zu lassen. Wie verhält sich das vom *und* getragene Relationsurteil dann jedoch zu sich selbst? Nicht zuletzt die von Deleuze wiederholt angeführte Formel des *und und und* wirft diese Frage auf.* Ge-

---

* Vgl. Gilles Deleuze: Drei Fragen zu *six fois deux* (Godard), in ders.: Unterhandlungen, übers. v. Gustav Roßler, Frankfurt a.M. 1993 [Paris 1976/1990], S. 67ff.; Gilles Deleuze u. Claire Parnet: Dialoge, übers. v. Bernd Schwibs, Frankfurt a.M. 1980 [Paris 1977], S. 63–66; Gilles Deleuze u. Félix Guattari: Tausend Plateaus – Kapitalismus und

wiss geht es dabei um den Exzess konjunktionalen Relationierens. Stößt die Konjunktion dabei jedoch mehrfach auf ein und dieselbe Sache, etwa sich selbst, beginnen formal-quantitative Aspekte wie Rhythmik und Zählung dominant zu werden. Ergänzend zu Schaub und Deleuze ist von daher auf die verwandte Konjunktion des *nicht nur, sondern auch* hinzuweisen, die den genannten Einschränkungen nicht unterliegt. Stattdessen trägt sie die von Schaub wie Deleuze intendierte Sensibilität für Differenzen auch über sich selbst aus und weist damit darauf hin, dass sich die Voraussetzung von »ein und derselben Sache« nicht von selbst versteht.*

Schizophrenie, übers. v. Gabriele Ricke u. Roland Voullié, Berlin 1992 [Paris 1980], S. 41f.

* Für eine eingehende Untersuchung der soweit versammelten Literatur vgl. Thomas Schlereth: Konjunktion – Eine medienphilosophische Untersuchung, Bielefeld 2018. Zu ergänzen wären heute einige Abschnitte aus Jean-François Lyotards *Der Widerstreit*, die explizit dem *und* gewidmet sind. Vgl. ebd., übers. v. Joseph Vogl, München 1989 [Paris 1983], S. 118, 121f, 134f, 294 sowie Thomas Schlereth: Und – Das Zwischen als Grenze der Bedeutung, in Jörg Sternagel u. Eva Schürmann (Hg.): Denken des Medialen – Zur Bedeutung

Schließlich gehört der Aspekt, dass eine vermittelnde Instanz nicht im Begriff ihrer selbst aufgeht, zu den Kerngedanken der medienphilosophischen Ansätze von Michael Mayer und Dieter Mersch.* Zwar liegt auch in ihrem Fall bis dato kein eigener Text zur Frage der Konjunktionen vor. Doch nehmen sich beide Herausgeber des Internationalen Jahrbuchs für Medienphilosophie wiederholt der philosophischen Relevanz der Konjunktionen an. Für Michael Mayer agiert das *und* mitunter als Medium *par excellence.*** Unbemerkt steckt die Kon-

---

des »Dazwischen«, Bielefeld 2024. In weiterer Ergänzung dazu siehe Brian Massumi: Konjunktion, Disjunktion, Gabe; übers. v. Christoph Brunner, in Isabell Lorey, Roberto Nigro, Gerald Raunig (Hg.): Inventionen 1, Zürich 2011, S. 131–142 sowie nun vor allem Jacques Derridas *Et cetera.*

* Vgl. Michael Mayer u. Dieter Mersch: Editorial, in dies. (Hg.): Internationales Jahrbuch für Medienphilosophie, Volume 1, a.a.O., S. 8.

** Vgl. dazu die Einlassungen in *Kapital als Medium*, in Dieter Mersch u. Michael Mayer (Hg.): Internationales Jahrbuch für Medienphilosophie, Volume 2, Berlin/München/Boston 2016, S. 149; *Tarkowskijs Gehirn – Über das Kino als Ort der Konversion*, Bielefeld 2012, S. 11ff.; *Schleier Medium*, in Jan-Hendrik Möller, Jörg Sternagel, Lenore Hipper (Hg.):

junktion in allen möglichen Dualismen, um dort für die Notwendigkeit eines Dritten einzustehen, das Beziehung überhaupt erst ermöglicht und anders zu denken gibt. Entsprechend taucht in diesem Kontext auch das Argument konjunktionaler Überschreitung auf: Insbesondere gegen Auffassungen, die Beziehungen so weit wie möglich vorstrukturieren, kann das *und* für eine unbändige Offenheit, eine Öffnung auch und gerade gegenüber dem Unbestimmten oder Unverfügbaren einstehen. Dieter Mersch wiederum stellt die Beispielhaftigkeit einer einzelnen Konjunktion in Frage, bringt sie doch die Gefahr mit sich, Zeichen und Medium miteinander zu verwechseln. Stattdessen fokussiert er auf die situative Spezifik sprachlicher Fügungen und deren Voraussetzungen.* Darüber geraten andere Zeichen

---

Paradoxalität des Medialen, a.a.O., S. 194 sowie *Melancholie und Medium – Das schwache Subjekt, die Toten und die ununterbrochene Trauerarbeit*, Wien 2019, S. 18.

* Vgl. Dieter Mersch: Meta/Dia – Zwei unterschiedliche Zugänge zum Medialen, in Lorenz Engell u. Bernhard Siegert (Hg.): Zeitschrift für Medien- und Kulturforschung, Heft 2, Hamburg 2010, S. 205 sowie die weiteren Aufsätze

verbaler Zwischenräume in den Blick – neben dem Bindestrich etwa die Konjunktionen *als* und *mit* oder die Präpositionen bzw. Präfixe *über* und *durch*. Jedes Zwischenwort zeigt auf seine Weise an, wie Zusammenhänge, Verweise und Rückbezüge als Ereignisse von Medialität geschehen und gehandhabt werden. Und so kehrt in den Spannungen zwischen Singularität und Exemplarität etwas wieder, das zugleich verbindet *und* trennt, fundiert *und* überschreitet und das vielleicht nicht nur für sich selbst der Frage wert gewesen sein wird.

Mit diesem Versuch eines kurzen diskursiven Über-

Wozu Medienphilosophie?, in ders. u. Michael Mayer (Hg.): Internationales Jahrbuch für Medienphilosophie, Volume 1, a.a.O., S. 22–25; *Cum grano singularis – Jean-Luc Nancys ›negative‹* koinōnia, in Susanna Lindberg, Artemy Magun, Marita Tatari (Hg.): Thinking *With* – Jean-Luc Nancy, Zürich/Paris 2023, S. 65; und zur Frage der Relationen im Allgemeinen *Objektorientierte Ontologien und andere spekulative Realismen – Eine kritische Durchsicht*, in Magdalena Marszałek u. ders. (Hg.): Seien wir realistisch – Neue Realismen und Dokumentarismen in Philosophie und Kunst, Zürich/Berlin 2016, S. 123.

blicks wünsche ich den Zeilen von Derrida ein herzliches Willkommen im deutsch-sprachigen Raum. Mein Dank gilt allen, die an der Veröffentlichung mitgewirkt haben, insbesondere Ingo Vavra, Jean Derrida, Geoffrey Bennington, Michael Mayer und Simone Wackershauser.

Literaturverzeichnis

Haupttext

Borges, Jorge Luis: Enquêtes, 1937–1952, übers. v. Paul u. Sylvia Bénichou, Paris 1957

Borges, Jorge Luis: Das Eine und die Vielen – Essays zur Literatur, München 1966

Borges, Jorge Luis: Gesammelte Werke – Der Erzählungen erster Teil, übers. v. Karl August Horst, Wolfgang Luchting, Gisbert Haefs, München 1991 [Buenos Aires 1974]

Derrida, Jacques: Die Postkarte – Von Sokrates bis an Freud und jenseits, 2 Bde., übers. v. Hans-Joachim Metzger, Berlin 1982/87 [Paris 1980]

Derrida, Jacques: Grammatologie, übers. v. Hans-Jörg Rheinberger u. Hanns Zischler, Frankfurt a.M. 1983 [Paris 1967]

Derrida, Jacques: Husserls Weg in die Geschichte am Leitfaden der Geometrie, übers. v. Rüdiger Hentschel u. Andreas Knop, München 1987 [Paris 1962]

Derrida, Jacques: Randgänge der Philosophie, übers. v. Eva Pfaffenberger-Brückner u.a., Wien 1988 [Paris 1972]

Derrida, Jacques: Mémoires – Für Paul de Man (übers. v. Hans-Dieter Gondek, Wien 1988 [New York 1986/Paris 1987]

Derrida, Jacques: Dissemination, übers. v. Hans-Dieter Gondek, Wien 1995 [Paris 1972]

Derrida, Jacques: Dem Archiv verschrieben – Eine Freudsche Impression, übers. v. Hans-Dieter Gondek u. Hans Naumann, Berlin 1997 [Paris 1995]

Derrida, Jacques: Adieu – Nachruf auf Emmanuel Lévinas, übers. v. Reinold Werner, München 1999 [Paris 1997]

Derrida, Jacques u. Kittler, Friedrich: Nietzsche – Politik des Eigennamens – Wie man abschafft, wovon man spricht; Berlin 2000 [Paris 1984]

Derrida, Jacques: Politik der Freundschaft, übers. v. Stefan Lorenzer, Frankfurt a.M. 2000 [Paris 1994]

Derrida, Jacques: Glas – Totenglocke, übers. v. Hans-Dieter Gondek u. Markus Sedlaczek, Paderborn 2006 [Paris 1974]

Derrida, Jacques: Psyche – Erfindung des Anderen, übers. v. Markus Sedlaczek, Wien 2011 [Paris 1987]

Derrida, Jacques: Psyche – Erfindungen des Anderen II, übers. v. Markus Sedlaczek, Wien 2013 [Paris 1987–88]

Foucault, Michel: Die Ordnung der Dinge – Eine Archäologie der Humanwissenschaften, übers. v. Ulrich Köppen, Frankfurt a.M. 1971

Husserl, Edmund: Formale und transzendentale Logik – Versuch einer Kritik der logischen Vernunft, Husserliana Band XVII, hrsg. v. Paul Janssen, Den Haag 1974

Husserl, Edmund: Logische Untersuchungen, Hamburg 2009

Khemir, Mounira: Retraits de l'anima – fotografía africana, Barcelona 1997

Royle, Nicholas (Hg.): Deconstructions – A User's Guide, New York 2000

Nachwort

Aristoteles: Poetik, übers. v. Manfred Fuhrmann, Stuttgart 1982

Bexte, Peter: Vorwörter – Bemerkungen zu Theorien der Präpositionen, in Jan-Hendrik Möller, Jörg Sternagel, Lenore Hipper (Hg.): Paradoxalität des Medialen, München 2013, S. 25–40

Bexte, Peter: ›und‹ – Bruchstellen im Synthetischen, in Gabriele Gramelsberger, Peter Bexte, Werner Kogge (Hg.): Synthesis – Zur Konjunktur eines philosophischen Begriffs in Wissenschaft und Technik, Bielefeld 2014, S. 25–40

Bexte, Peter: Trennen und Verbinden – Oder: Was heißt ›und‹?, in Dieter Mersch u. Michael Mayer (Hg.): Internationales Jahrbuch für Medienphilosophie, Volume 1, Berlin/München/Boston 2015, S. 51–66

Bexte, Peter: Konjunktion & Krise – Vom ›und‹ in Bildern und Texten, Berlin 2019

Deleuze, Gilles u. Parnet, Claire: Dialoge, übers. v. Bernd Schwibs, Frankfurt a.M. 1980 [Paris 1977]

Deleuze, Gilles u. Guattari, Félix: Tausend Plateaus – Kapitalismus und Schizophrenie, übers. v. Gabriele Ricke u. Roland Voullié, Berlin 1992 [Paris 1980]

Deleuze, Gilles: Drei Fragen zu *six fois deux* (Godard), in ders.: Unterhandlungen, übers. v. Gustav Roßler, Frankfurt a.M. 1993 [Paris 1976/1990], S. 57–69

Fichte, Johann Gottlieb: Die Wissenschaftslehre – Zweiter Vortrag im Jahre 1804, Hamburg 1986

Gloy, Karen: Einheit und Mannigfaltigkeit – Eine Strukturanalyse des »und« – Systematische Untersuchungen zum Einheits- und Mannigfaltigkeitsbegriff bei Platon, Fichte, Hegel sowie in der Moderne, Berlin/New York 1981

Lyotard, Jean-François: Der Widerstreit, übers. v. Joseph Vogl, München 1989 [Paris 1983]

Massumi, Brian: Konjunktion, Disjunktion, Gabe; übers. v. Christoph Brunner, in Isabell Lorey, Roberto Nigro, Gerald Raunig (Hg.): Inventionen 1, Zürich 2011, S. 131–142

Mayer, Michael: Tarkowskijs Gehirn – Über das Kino als Ort der Konversion, Bielefeld 2012

Mayer, Michael: Schleier Medium, in Jan-Hendrik Möller, Jörg Sternagel, Lenore Hipper (Hg.): Paradoxalität des Medialen, München 2013, S. 193–210

Mayer, Michael u. Mersch, Dieter: Editorial, in dies. (Hg.): Internationales Jahrbuch für Medienphilosophie, Volume 1, Berlin/München/Boston 2015, S. 7–9

Mayer, Michael: Kapital als Medium, in Dieter Mersch u. ders. (Hg.): Internationales Jahrbuch für Medienphilosophie, Volume 2, Berlin/München/Boston 2016, S. 131–154

Mayer, Michael: Melancholie und Medium – Das schwache Subjekt, die Toten und die ununterbrochene Trauerarbeit, Wien 2019

Mersch, Dieter: Meta/Dia – Zwei unterschiedliche Zugänge

zum Medialen, in Lorenz Engell u. Bernhard Siegert (Hg.): Zeitschrift für Medien- und Kulturforschung, Heft 2, Hamburg 2010, S. 185–208

Mersch, Dieter: Wozu Medienphilosophie?, in ders. u. Michael Mayer (Hg.): Internationales Jahrbuch für Medienphilosophie, Volume 1, Berlin/München/Boston 2015, S. 13–48

Mersch, Dieter: Objektorientierte Ontologien und andere spekulative Realismen – Eine kritische Durchsicht, in Magdalena Marszałek u. ders. (Hg.): Seien wir realistisch – Neue Realismen und Dokumentarismen in Philosophie und Kunst, Zürich/Berlin 2016, S. 109–159

Mersch, Dieter: Cum grano singularis – Jean-Luc Nancys ›negative‹ koinōnia, in Susanna Lindberg, Artemy Magun, Marita Tatari (Hg.): Thinking With – Jean-Luc Nancy, Zürich/Paris 2023, S. 63–75

Schaub, Mirjam: Das Wörtchen ›und‹ – Zur Entdeckung der Konjunktion als philosophische Methode, in Friedrich Balke u. Marc Rölli (Hg.): Philosophie und Nicht-Philosophie – Gilles Deleuze – Aktuelle Diskussionen, Bielefeld 2011, S. 227–251

Schlereth, Thomas: Konjunktion – Eine medienphilosophische Untersuchung, Bielefeld 2018

Schlereth, Thomas: Und – Das Zwischen als Grenze der Bedeutung, in Jörg Sternagel u. Eva Schürmann (Hg.): Denken des Medialen – Zur Bedeutung des »Dazwischen«, Bielefeld 2024, S. 19–36